MOINE ZEN EN OCCIDENT

« Spiritualités vivantes »

Roland Rech

MOINE ZEN EN OCCIDENT

Entretiens avec Romana et Bruno Solt

Préface d'Arnaud Desjardins

Albin Michel

Albin Michel
▪ *Spiritualités* ▪

Collections dirigées
par Jean Mouttapa et Marc de Smedt

22, rue Huyghens, 75014 Paris

ISBN 2-226-06957-7
ISSN 0755-1835

À mon maître,
Taisen Deshimaru Roshi

Pour Éric et Hugues

Depuis la Renaissance, l'homme s'est défini lui-même en tant qu'homme vivant... Mais l'homme vivant, c'est justement cela qu'on retrouve en zazen.

Claude Lévi-Strauss
de l'Académie française.

Zazen n'est pas l'apprentissage de la méditation. Il n'est rien d'autre que la pratique et la réalisation d'un éveil parfait.

Maître Dogen.

PRÉFACE

Depuis quelque temps, l'ensemble des médias fait une large place au bouddhisme. Le rayonnement personnel et le prix Nobel du Dalaï-Lama y sont pour beaucoup ; la sortie du film *Little Bouddha* y contribue aussi pour une large part. Et l'on peut dire qu'à certains égards, en France tout au moins et probablement dans le monde, 1993 aura été l'année du bouddhisme. Mais le bouddhisme n'est pas une mode, c'est une sagesse, une religion et une culture qui ont illuminé l'Asie depuis deux mille cinq cents ans.

On a parfois regretté que le christianisme ait conservé sa forme romaine dans sa rencontre avec les autres peuples. Et l'on cherche aujourd'hui ce que pourrait être une présentation du message évangélique complètement adaptée à l'Afrique, à l'Inde ou aux Amérindiens. Depuis longtemps, au contraire, l'enseignement du Bouddha a témoigné de sa vitalité par des approches très diverses, à la fois fidèles aux données fondamentales et remarquablement variées, depuis le Hinayana de Ceylan jusqu'au Tantrayana des Tibétains en passant par le Mahayana de la Chine et du Japon. On est en droit de dire qu'il existe un bouddhisme tibétain, un bouddhisme birman, un bouddhisme japonais, un bouddhisme vietnamien — et pourquoi pas bientôt un bouddhisme français. Et même s'il s'agit toujours des Quatre Nobles Vérités, de l'Octuple Sentier et des Trois Refuges dans le Bouddha, le dharma et la sangha, les bouddhistes eux-mêmes ont parfois quelques difficultés à se comprendre et à se reconnaître les uns les autres. Au Japon même, on sait qu'il existe différentes écoles : Tendai, Shingon, Nichiren, même si le zen est la plus célèbre. Et ce zen lui-même est ramifié en différentes traditions : Obaku, Rinzai et Soto.

Les entretiens avec Roland Rech nous permettent une découverte authentique du zen Soto. Sensei Deshimaru, avec qui j'ai vécu nuit et jour pendant trois mois au Japon, était un personnage à bien des égards exceptionnel et personne ne pourra tenter de l'imiter. Mais si on ne peut pas imiter le maître, on peut suivre ses pas sur la voie dans laquelle il nous a précédés. C'est le cas de Roland Rech, qui partage dans ce livre vingt ans d'expérience personnelle et de pratique quotidienne. Il nous parle d'un zen particulièrement sobre, dépouillé et surtout fidèle à l'héritage des anciens maîtres.

Dans les monastères du Japon, ce que l'on peut appeler l' « office du matin » après le premier zazen comprend une interminable récitation du nom de tous les sages à travers lesquels la transmission s'est effectuée depuis le Bouddha jusqu'à nous, qu'il s'agisse de maîtres ayant laissé dans l'histoire un nom célèbre (tels que Bodhidharma ou Dogen) ou de moines de notoriété plus restreinte, récitation qui permet à chaque moine de sentir son rattachement traditionnel à une authentique lignée.

Cette insertion dans une tradition régulière est aussi importante chez les soufis que chez les bouddhistes du Tantrayana. Aujourd'hui où tant de groupes, de sectes, de mouvements, d'écoles récemment créés prolifèrent, un enseignement qui a deux mille cinq cents ans d'expérience derrière lui est précieux. Aucun bouddhiste ne peut affirmer que la forme personnelle qu'il a choisie est le seul bouddhisme orthodoxe. Mais que les données fondamentales de l'enseignement de Gautama Shakyamuni soient de mieux en mieux connues en Occident aura contribué à un éveil spirituel dont la nécessité est ressentie par un nombre sans cesse croissant d'hommes et de femmes assoiffés par une autre dimension de l'existence. Puisse ce réveil s'accomplir toujours dans un esprit d'ouverture, d'accueil, de tolérance, de compréhension…

ARNAUD DESJARDINS

INTRODUCTION

En cette fin d'hiver où le froid resserre les pierres, nous avons rendez-vous en bordure de la Loire, au temple zen de la Gendronnière. Situé au bout d'une route forestière, cette vaste demeure évoque davantage la prose magique et mystérieuse du château du Grand Meaulnes qu'un temple zen avec son carré de sable bien ratissé et ses ornements dépouillés.

En cette période, l'endroit est désert et le silence efface le bruit de nos pas. Ce lieu va devenir le cadre privilégié d'une série d'entretiens sur le bouddhisme zen, ponctués matin et soir par des périodes d'assise immobile nous invitant à retrouver toute la saveur de l'instant.

En Occident, après la Seconde Guerre mondiale, le zen a suscité un certain engouement dans les milieux intellectuels avec la parution de plusieurs ouvrages didactiques comme la traduction complète (1954-1957) des *Essais sur le bouddhisme zen* du professeur japonais Daisetz Teitaro Suzuki (1870-1966). A l'époque, le zen n'est connu que par une minorité d'intellectuels, surtout séduits par son esthétisme et ses phrases énigmatiques et paradoxales : les célèbres *koan.* Parmi eux, le sage de la Forêt-Noire, Karlfried Graf Dürckheim, révisera peu à peu les préjugés européens que lui et ses semblables ont du bouddhisme. Une notice figure dans son journal, écrit à la fin de 1940. Alors qu'il séjourne au Japon, il avoue : « Je vais me réserver autant de temps que possible pour étudier particulièrement le côté vivant du bouddhisme. Nous en avons en Europe une notion tout à fait erronée. Nous le considérons, pour la plupart d'entre nous, comme une doctrine passive qui éloigne l'homme de la réalité. »

Aujourd'hui, le zen reste parfois très mal compris et provoque encore de nombreuses interrogations. Si son image fascine certains et chez d'autres suscite le soupçon, c'est à cause de l'inévitable cortège des interrogations maladroites l'assimilant parfois à une nouvelle secte orientale ou à une religion athée. Certains le limitent à une philosophie, à un art ou encore à une simple technique de concentration pour mieux gérer le stress... Mais il existe aussi des questions plus légitimes... Qu'est-ce réellement que la méditation ? l'éveil ? le *karma* ?... Quel est le point de vue du zen sur la mort ? Peut-on pratiquer zazen en étant chrétien ou d'une autre confession religieuse ? Qu'est-ce que le vrai zen ?...

Toutes ces questions, nous les avons posées à Roland Rech, un moine zen occidental qui pratique cette discipline depuis plus de vingt ans avec fidélité à l'enseignement reçu de son maître japonais : Taisen Deshimaru[1], véritable Bodhidharma des temps modernes.

A première vue, son crâne rasé et la rectitude de son maintien donnent de Roland une allure plutôt ascétique. Apparence ! Apparence ! Celui qui est l'un des principaux responsables de l'Association zen internationale, est aussi le premier à partager avec joie un bon repas en évoquant avec vous sa passion pour la plongée sous-marine.

Très jeune, cet ancien cadre supérieur d'une grande entreprise française ne peut se contenter d'une vie exclusivement matérialiste, figée dans les plaisirs. Après les déceptions de l'enfance liées aux propositions parfois maladroites de la religion chrétienne, avant tout ancrée, selon lui, sur l'imaginaire, il opte plus tard pour l'action sociale et politique. « Bien que n'étant jamais entré au parti communiste, ni dans aucune organisation gauchiste, j'avais adopté un point de vue assez proche du marxisme. Ce qui importait pour moi, c'était d'œuvrer dans une action historique qui réaliserait avant tout la libération des êtres humains, car je voyais bien que cet idéal humaniste (Liberté, Égalité, Fraternité), support de la Révolution française, n'était absolument pas suivi de faits. »

Après le rêve fracassé de Mai 68, dont il découvre les limites et l'utopie, suivi d'une longue période de

1. Cf. Bruno Solt, *Mystiques et maîtres spirituels contemporains*, Éd. Retz, Paris, 1992, p. 38-40.

réflexion, il largue les amarres. Adieu la grisaille parisienne, les conditionnements, les habitudes fossiles, il choisit l'exil volontaire pour découvrir un sens à sa vie qui ne dépende d'aucune idéologie, d'aucun système de croyances. Sa seule motivation : être ouvert et disponible.

Commence alors un périple au long cours : l'Espagne, l'Afrique du Nord, le Moyen-Orient... Dans chaque pays, il s'intéresse au système politique et social, visite des fermes autogérées dans le Sud algérien, des camps de réfugiés palestiniens... « J'éprouvais une grande sympathie pour tous ces mouvements de libération du tiers-monde. Il me semblait qu'ils exprimaient quelque chose de neuf et de moins sclérosé que ce qui existait dans les systèmes de démocraties populaires ou dans les régimes socialistes installés. Hélas ! très vite je constatai que s'installaient partout de nouvelles bureaucraties, de nouvelles structures de pouvoir et d'oppression. »

Chemin faisant, il lui apparaît évident que ce qu'il recherche depuis l'enfance correspond en fait à un idéal de liberté, de libération. La véritable révolution ne peut surgir que grâce à une transformation intérieure radicale, loin des idéologies politiques et religieuses.

C'est dans cet état d'esprit qu'il aborde l'Inde. Très impressionné par l'esprit religieux omniprésent, il s'intéresse à l'hindouisme et au bouddhisme au hasard des temples et des ashrams qu'il rencontre sur sa route. Toujours très critique, il lui semble encore que cet idéal de pureté et de sainteté exprimé par les dévots est très éloigné de ce qu'il ressent en son for intérieur. Pour lui, l'aliénation, c'est l'imaginaire. Il considère qu'entrer dans un système idéal qui nous amène à rejeter ce qui constitue la réalité de notre propre vie, afin d'essayer d'imiter quelque chose d'autre, est à l'opposé de la vraie voie.

A ce moment du voyage, il rencontre une personne à laquelle il fait part de son désir de trouver une voie qui lui permette de se rapprocher de sa vérité intérieure sans passer par un système, une idéologie ou une croyance. Confiant, il s'entend répondre : « Si tu continues ton voyage vers le Japon, tu devrais t'intéresser au zen. »

Quelques mois plus tard, il pose le pied au pays du Soleil-Levant dans un état d'esprit proche du désespoir. Il se sent acculé dans une impasse. Désormais, il est certain qu'il ne peut plus continuer indéfiniment à vivre cette quête éperdue qui ne mène nulle part, sinon de désillusion en désillusion.

Toujours déterminé à trouver une réponse, il se rend de temple en temple et demande à pratiquer zazen. Hélas, ce ne sont pas des lieux de pratique mais plutôt des musées, et on lui répond toujours négativement. « Peut-être, à ce moment-là, ma détermination n'était-elle pas assez forte ? Après un mois de voyage, j'eus un accès de désespoir. Je dis à une amie que je ne pouvais plus continuer à voyager dans ces conditions, et je décidai de ne plus bouger tant que je n'aurais pas trouvé la pratique du zen. Quelques instants plus tard, un témoin de ces propos m'a donné les coordonnées d'une *sesshin* qui avait lieu dans un temple voisin et je m'y suis rendu. Un moine m'a initié au zazen en deux minutes, il m'a appris la posture et expliqué qu'il fallait laisser passer ses pensées. Grâce à ces conseils, j'ai pratiqué pendant une heure à l'intérieur du *dojo* et cela a suffi à déclencher en moi une véritable révolution intérieure. Intellectuellement, je ne connaissais toujours rien du zen, mais j'avais désormais la conviction profonde que c'était à partir de cette posture que je désirais vivre. J'ai ressenti une délivrance et j'ai compris que tout ce que j'avais vécu précédemment m'avait en réalité amené à cette posture. Je n'ai jamais fait de fixation sur cette expérience en me disant : “ J'ai obtenu le *satori*, l'éveil... ” D'autres pourraient peut-être le dire à ma place en écoutant la description de ce que j'ai pu ressentir à l'époque. De toute façon, cette expérience a été assez forte pour faire cesser toutes pérégrinations. »

Cette rencontre avec un état d'être profond, qui ne dépend de rien, a coupé court à cette course éperdue. Roland ressent soudain qu'il n'a besoin de rien d'autre que s'asseoir et être. Cette expérience intime avec l'essence de l'existence lui procure une grande paix intérieure. Désormais, il sait qu'il existe une manière de vivre totalement indépendante et qui en même temps n'est pas séparée de la réalité phénoménale.

ROMANA ET BRUNO SOLT.

I

Rencontre avec le maître

La première pratique de zazen a donc été déterminante pour vous. Elle vous a permis de choisir cette voie sans aucune hésitation ?

Après cette pratique du matin, il y eut le déjeuner, et j'ai demandé à continuer la sesshin. On m'a alors répondu que ce n'était pas possible car il n'y avait plus de place. J'étais tellement décidé que je leur ai dit que de toute façon je ne bougerais pas de cet endroit et que je dormirais sur place. Après un certain temps, le *roshi* a fini par me demander : « Mais que désirez-vous vraiment, être ici, ou bien pratiquer zazen ? » Le lieu m'importait peu, mais je désirais continuer à pratiquer. Le roshi m'a alors indiqué qu'il était possible de pratiquer dans un autre temple dont il m'a donné l'adresse ainsi qu'une lettre de recommandation pour m'y rendre le jour même. Ce temple se trouvait à 50 kilomètres de Kyoto dans les collines, et je suis parti sur-le-champ.

A mon arrivée, le lieu était désert. Intrigué, je me suis assis et j'ai attendu patiemment. A la tombée de la nuit, j'ai entendu un bruit de mobylette qui se rapprochait, conduite par un moine dont les manches de *kolomo* volaient au vent, ce qui constituait une vision très étrange. Je lui ai expliqué ma situation et nous avons alors vécu et pratiqué ensemble pendant plusieurs semaines. Nous pratiquions zazen deux heures le matin, de 5 heures à 7 heures, et deux heures le soir, le reste de la journée étant consacré aux activités manuelles : jardinage et cuisine. Pendant la pratique, il n'y avait ni *kyosaku* ni enseignement oral, simplement l'assise immobile. Les débuts furent difficiles et éprouvants, souvent associés à une douleur physique intense. Malgré cela, la paix éprouvée fut la plus forte. J'avais enfin trouvé le lieu où je pouvais véritablement exister, j'étais enfin chez moi. Au bout de quelques semaines, je me suis dit que je ne pouvais pas rester au Japon. J'ai alors ressenti le besoin de rencontrer un maître car je ne pouvais considérer comme tel le jeune moine avec lequel je vivais. Un jour, il reçut une carte postale d'un de ses amis moine qui voyageait en France, et qui lui parlait du dojo de Pernety. Il m'a fait part de ce message en me disant qu'il existait en France un grand maître zen « très fort et très drôle », répondant au nom de Maître Deshimaru ! J'ai alors décidé de rentrer en France par le Transsibérien.

Malgré vos désillusions par rapport au christianisme, vous avez tout de même choisi une voie traditionnelle. Pensez-vous qu'il soit important pour un chercheur spirituel de rester dans une tradition ?

Nous devons cheminer entre deux risques : si nous ne suivons pas une voie traditionnelle comportant la transmission d'un maître ayant lui-même reçu cette transmission d'un autre maître, nous risquons tout simplement de ne suivre que nous-mêmes et de nous bercer de nouvelles illusions. L'autre danger consiste à suivre une tradition en se figeant dans des formes, ou dans une pratique, qui devienne l'imitation d'un idéal créant en nous une personnalité artificielle. Il est essentiel de ne jamais perdre le contact avec le sens de l'expérience en suivant aveuglément les cultes ou les croyances. Il ne s'agit pas de revenir aux superstitions, ni aux faux dieux et à un ésotérisme vulgaire. La modernité, qui s'oppose aujourd'hui à la tradition, s'est constituée en rejetant son autorité fondée sur le dogme et séparée de l'expérience vivante.

C'est d'ailleurs une des raisons qui a motivé ma propre séparation avec la tradition chrétienne dont je ne voyais plus que l'aspect dogmatique : le christianisme tel qu'il est transmis à travers le catéchisme, l'éducation religieuse ou lorsque nous fréquentons l'église le dimanche. Par contre, il existe des ordres contemplatifs chrétiens qui ont su garder une pratique de méditation authentique, et j'espère qu'ils la transmettront.

Pour moi, suivre une véritable tradition c'est pouvoir se confronter à la transmission d'un enseignement écrit et oral. La transmission orale est précieuse car elle communique une expérience vivante de personne à personne qui ne dépend pas des écritures mais en incarne l'enseignement. Notre pratique actuelle est une création réalisée à partir de ce qui nous a été transmis par Maître Deshimaru.

L'enseignement traditionnel du bouddhisme zen est fondé d'une part sur l'enseignement du Bouddha, à partir de son expérience de l'éveil, mais aussi sur l'enseignement des patriarches et des maîtres à partir de leur propre expérience.

Nous ne rejetons pas l'enseignement traditionnel qui est exprimé dans les *sutras*, nous le lisons à la lumière de notre propre expérience de zazen. Nous ne les suivons pas comme un dogme, mais les réactualisons constamment. D'ailleurs, le Bouddha disait : « Ne croyez pas ce que je vous dis, mais fiez-vous à votre expérience. » Ainsi, nous créons à partir de la tradition, comme un arbre qui développe ses branches à partir des racines profondes.

Pourquoi avez-vous ressenti la nécessité de rencontrer un maître, puisque vous sembliez avoir trouvé dans zazen les réponses à ce que vous cherchiez ? Ne pouviez-vous pas pratiquer zazen seul ? Actuellement, de nombreuses personnes pensent d'ailleurs pouvoir pratiquer seules. Qu'en pensez-vous ?

Lorsque je suis arrivé au Japon et que j'ai découvert la pratique de zazen, c'était merveilleux ! J'avais enfin trouvé le lieu où j'avais envie de vivre... Mais intuitivement, je me suis rendu compte que je pouvais très vite m'enfermer dans une béatitude alliant le confort spirituel à une autosatisfaction que j'aurais prise pour le satori.

Je sentais que poursuivre seul la pratique devenait dangereux, car je risquais de construire ma propre conception du zen. Pratiquer zazen, c'est se placer en face d'un miroir qui peut aussi renvoyer à l'ego et le renforcer.

C'est-à-dire ?

Au lieu de se remettre en question à travers la pratique, l'ego peut prendre le dessus et l'utiliser pour se conforter lui-même. On peut ainsi s'attacher à certaines expériences vécues et s'arrêter à ce niveau en pensant que cela représente l'essence du zen ! On prendra pour une révélation intérieure ce qui n'est que le produit d'un nouveau conditionnement ou d'un nouveau désir. Cette pratique qui devait constituer une source d'épanouissement et d'ouverture devient alors une nouvelle illusion. Il faut savoir que notre capacité d'auto-illusion est immense. Pour suivre une voie spirituelle et ne pas s'arrêter en route, il est nécessaire d'être en relation avec un maître qui nous relance constamment et nous amène à aller « au-delà du par-delà » de ce que nous croyons avoir compris. Cette relation avec le maître évite au disciple de stagner dans une autosatisfaction faite de petites compréhensions limitées. Le maître est là pour nous montrer le chemin qu'il a lui-même parcouru et nous éviter la stagnation dans un éveil limité. Il nous dérange dans cette tentative constante d'affirmer : « Ça y est, j'ai compris ! »

Lorsque je suis revenu en France, je pensais avoir une bonne posture, d'autant que je l'avais apprise au Japon... Ma rencontre avec Maître Deshimaru n'a pas eu lieu lors d'un *mondo* ou d'une conversation mais lorsqu'il est passé dans le dojo et qu'il a corrigé vigoureusement ma posture. Posant son genou dans mon dos, il a tiré mes épaules en arrière afin que je me redresse. Soudain, j'ai réalisé qu'il était le maître. Confortablement installé dans ma posture, je fus tout d'abord surpris et me suis dit : « Comment se fait-il qu'il me corrige ? » En réalité, ma posture devait être très mauvaise. Si je n'avais pas rencontré Maître Deshimaru, au fil des années mon dos se serait voûté et je me serais peut-être recroquevillé sur moi-même. Cela est vrai pour la posture mais aussi pour tout le reste.

Si la nécessité de suivre un maître dans la voie du bouddhisme zen n'est pas ressentie par tous, c'est qu'actuellement la tendance générale est de vouloir faire l'économie de cette démarche, ce qui constitue à mon avis une grave erreur, et c'est pour cette raison que j'insiste tant. Je sais que de nombreuses personnes souhaiteraient faire un stage à la Gendronnière afin d'apprendre la technique de zazen en dix jours et de continuer la pratique seules chez elles. Ces personnes sous-estiment leur besoin d'être guidées dans la pratique, qui ne peut être réduite à une technique que l'on étudie dans un livre. Nous avons besoin d'un miroir objectif, qui ne peut être représenté par notre propre ego trop limité par nos conditionnements. Zazen peut jouer le rôle du miroir comme le maître mais, contrairement à lui, il peut aussi être récupéré par l'ego.

Parfois, ceux qui ne désirent suivre qu'eux-mêmes disent qu'ils ont leur maître intérieur et qu'ils n'ont pas besoin de suivre un maître en chair et en os. Du vivant de Maître Deshimaru, lorsque j'avais des questions à lui poser, la réponse surgissait parfois dans mon esprit avant même que j'aie besoin de poser la question. J'aurais pu alors décréter naïvement qu'il s'agissait du maître intérieur.

D'après mon expérience, ce n'est qu'en suivant un maître authentique que l'on peut intérioriser sa présence en soi-même au fil des années et poursuivre le dialogue avec lui, au-delà des mots et de la mort. Cela m'arrive encore aujourd'hui et je pense que c'est aussi le cas des autres anciens disciples. Aucun maître n'a réalisé l'éveil sans un guide spirituel.

Existe-t-il une nécessité absolue de choisir une voie spirituelle ?

Il est évident que si vous changez continuellement de chemin, vous n'arriverez jamais au sommet de la montagne. Il est aussi évident qu'au sommet de la montagne, la vue est la même quel que soit le chemin parcouru. Mais dans le bouddhisme zen, comme nous venons de le voir, marcher, aller sur le chemin constitue la voie et en même temps le sommet. Nous n'attendons pas d'atteindre le sommet pour voir la vérité, car elle existe en nous et autour de nous à chaque pas, à chaque détour du sentier. Nous ne séparons pas la pratique et la réalisation.

Quels sont les critères qui peuvent permettre la rencontre avec un maître spirituel ?

Il est difficile de dire si c'est nous qui choisissons la voie ou si c'est la voie qui nous choisit, et si c'est un processus conscient ou inconscient. Je pense qu'à un moment donné une rencontre s'effectue avec la voie, ou avec le maître, et nous sommes alors absorbés par cette voie qui nous correspond totalement et que nous cherchions. Dans mon cas, il y avait bien une recherche consciente, mais zazen s'est imposé à moi au moment où je n'avais plus le choix.

Ce qui favorise la rencontre avec le maître, c'est le fait de chercher et de prendre conscience de ses limites. C'est se rendre compte que l'on ne peut progresser seul dans cette direction sans l'aide d'un homme qui a lui-même expérimenté ce qu'il enseigne.

Une fois la voie trouvée, il est important que la pratique soit plus forte que notre esprit de choix et de rejet, représentant notre ego limité. La pratique doit alors être consciente et volontaire et, plus tard seulement, intervient un lâcher-prise. Car suivre une voie signifie aussi s'abandonner à cette voie, aller au-delà de son propre ego. Si nous ne nous engageons pas totalement dans une voie, nous aurons tendance à butiner un peu partout. Agir ainsi arrange bien les affaires de l'ego, mais surtout le gratifie et le renforce. On se dirige alors vers le matérialisme spirituel, accroissant l'esprit d'obtention.

Actuellement, face à l'étalage des « marchands du temple », de quelle manière peut se faire ce choix ?

La difficulté actuelle réside en ce que tout devient disponible sur les rayons des librairies et nous pensons pouvoir choisir une voie spirituelle, une école, un maître à travers tel ou tel livre. Il est possible que cela se réalise, mais dans ce domaine rien n'est systématique.

Il est vrai que nous pouvons connaître les maîtres existants par la lecture, mais je pense qu'il est surtout très important, ensuite, de pouvoir les rencontrer et de faire l'expérience d'une pratique suffisamment longtemps.

Ensuite vient la peur de s'être trompé, qui pousse à s'arrêter à la première difficulté. Elle est très gênante et ne conduit nulle part. Il s'agit alors de renoncer à tout pour essayer de se concentrer sur une voie. Assumer le risque de ne pas obtenir ce que l'on cherche fait partie de la voie.

Quelles sont ensuite les qualités requises pour être un disciple ?

L'effort du disciple portera sur les points suivants : la foi dans l'enseignement, l'énergie développée pour pratiquer, l'esprit d'investigation consistant à ne pas se satisfaire d'un résultat et à ne pas stagner à mi-chemin. Le disciple doit pouvoir observer ses propres erreurs, ses défauts et recevoir les critiques du maître. Il doit éprouver respect, peur et amour pour le maître, et se considérer lui-même comme un malade ayant besoin d'un thérapeute.

Mais n'oublions pas qu'à l'origine tous les êtres ont la nature de bouddha et donc la capacité de la réaliser. Il est dit dans le bouddhisme zen que, quels que soient les défauts du disciple, « si le maître est bon, le résultat sera bon ». Il n'existe donc pas de modèle idéal et unique de réalisation. Un bon sculpteur peut créer une belle œuvre avec un bout de bois tordu.

Et je me garderai bien de porter un jugement sur Untel ou Untel pour savoir s'il est apte à suivre une voie comme le zen. Je n'en veux pour preuve que cette histoire. Un jour, quelqu'un s'est arrêté à proximité de l'ancien dojo, rue Pernety, car le pneu de sa voiture était crevé. Après avoir changé la roue, il est entré dans la boutique zen pour voir s'il pouvait se laver les mains. En regardant autour de lui, il a demandé : « Qu'est-ce que c'est ici ? Qu'est-ce que vous faites ? » On lui a répondu : « C'est une boutique zen », et il a enchaîné : « Qu'est-ce que le zen... ? » Mais le zazen allait commencer et nous n'avions pas le temps de lui répondre. On lui a simplement dit que, s'il se dépêchait, il pourrait y assister et voir par lui-même de quoi il s'agissait. C'était l'heure du repas et au lieu d'aller manger un sandwich, il est allé s'asseoir. Par la suite, il est devenu moine et pratique maintenant depuis quinze ans. La voie existe en chacun de nous. Si nous désirons mener une vie heureuse, il faut tenter de se rapprocher de cette vérité intérieure.

Justement, puisque nous évoquons les signes qui peuvent jalonner un destin, revenons à votre rencontre avec Maître Deshimaru. Comment eut lieu le premier contact et que vous a-t-il dit ?

Je l'ai vu la première fois en septembre 1972 lors de la semaine zen de Zinal organisée par l'Association zen d'Europe avec l'aide de Gérard Blitz[1]. Maître Deshimaru assurait la conférence inaugurale, dans laquelle il souhaitait à tout le monde la pureté, la beauté, l'énergie et l'application de dix principes

1. Moine zen, fondateur et responsable du Club Méditerranée pendant de nombreuses années, secrétaire général de l'Union européenne des fédérations nationales de yoga.

dont le premier était : « Avoir peur de l'ordre cosmique. »

Il faut dire qu'il incarnait si bien cet ordre cosmique que je n'osai pas l'approcher durant toute la semaine. Mon seul contact fut sa forte correction de ma posture et ses vigoureux coups de kyosaku. Tout ce que j'aurais pu lui dire pour l'aborder me paraissait futile. Par la suite, j'ai souvent entendu des gens se plaindre que l'entourage de Sensei faisait obstacle au contact qu'ils désiraient avoir avec lui. Mais cet obstacle était tout intérieur. Plus encore que zazen, Sensei était le miroir qui me remettait si bien à ma place que je n'osais plus en bouger.

Pendant plusieurs mois, je ne m'adressais à lui dans le dojo qu'à travers les mondo. J'avoue que bien souvent mes questions n'étaient qu'un prétexte pour avoir un échange avec lui. L'été suivant, je suis parti camper avec une amie qui ne pratiquait pas zazen. Un soir d'insomnie où je pensais à la vanité de cette vie de vacancier, Sensei m'apparut comme en rêve et me dit d'une voix forte : « Tu dois faire zazen. » Ce que j'ai fait aussitôt sur la plage. Là encore, je ressentis plus fortement que la première fois que faire zazen et partager cette pratique avec les autres était le vrai sens de ma vie, et qu'il n'y avait rien d'autre à chercher. Quel grand soulagement face à cette évidence ! Sensei me montrait la voie qui était là, juste devant moi, et que je ne pouvais pas reconnaître par moi-même.

Souvent, au zazen du matin, Sensei répondait aux questions que je m'étais posées le soir en m'endormant. Un jour que je lui faisais part de mon étonnement à ce sujet, il répondit simplement : « *I shin den shin* » (« De mon âme à ton âme »).

Quelques mois plus tard, j'ai demandé l'ordination de moine. La cérémonie s'est déroulée avec la ferveur et la gaieté habituelles du dojo de Pernety. Bien qu'allergique aux rituels, j'ai ressenti un grand choc. Désormais, la voie m'apparaissait simple et illimitée. Il importait de continuer éternellement zazen avec la *sangha* et de contribuer à faire connaître cette pratique aux autres. A cet instant, ce n'était plus seulement moi qui faisais zazen. Mais comment exprimer cela ?...

Il m'a fallu près de deux ans pour rencontrer enfin Sensei en tête à tête. Un soir, sa secrétaire m'avait demandé de l'aide pour une traduction et j'étais monté dans son appartement. Au bout d'un moment, Sensei est venu nous rejoindre. Il s'est assis à côté de moi. Très impresssionné par sa présence, je lui ai posé la question qui me venait souvent à l'esprit à cette époque : « Pourquoi existe-t-il quelque chose plutôt que rien ? » Il m'a répondu aussitôt : « Tu ne dois pas seulement voir les branches et les feuilles mais aussi la racine. » Cette réponse resta un grand koan, une vérité au-delà des tentatives pour la saisir. Quoi qu'il en soit, ce soir-là Sensei coupa court rapidement à mon humeur métaphysique en me faisant boire cul sec une bouteille de rosé et, comme je ne buvais que du thé, l'alcool fit rapidement le meilleur effet. J'oubliai toutes mes complications d'esprit, ainsi que la crainte que

Sensei continuait de m'inspirer. Au cours de la soirée, il me dit qu'il était au courant depuis Zinal de mes débuts en zazen au temple de Kodo Sawaki et qu'il attendait que je vienne le voir. Nous avons parlé du Japon, du moine qui m'avait initié au zazen et qu'il connaissait. Puis il m'a raconté des histoires sur son maître Kodo Sawaki, mais ce qui reste gravé du souvenir de cette soirée, c'est que nous nous sommes trouvés intimes et le sommes restés jusqu'à sa mort.

Ce soir-là, je suis rentré difficilement chez moi car j'étais ivre. Mon amie comprit qu'il s'était passé quelque chose d'important qui allait bientôt nous séparer. Finis les compromis ; j'étais décidé à suivre mon maître avant tout. D'après cette expérience, je vois que tant que l'on hésite et que l'on n'est pas décidé à changer sa vie, rien ne se produit. Mais lorsque nous n'avons plus le choix, la voie apparaît et le maître arrive.

La sangha a aujourd'hui un autre mode de fonctionnement que lorsque Maître Deshimaru était encore parmi vous ?

A l'époque de Maître Deshimaru, il y avait un seul maître. Aujourd'hui, il y a un certain nombre de responsables de sesshin qui, lorsqu'ils sont *godo,* occupent la fonction de maître ; mais le fait qu'on soit plusieurs nous offre la chance de pouvoir être alternativement enseignant et enseigné.

Nous nous corrigeons entre nous. Ce qui est important dans la manière dont nous continuons l'enseignement de Maître Deshimaru, c'est que les anciens disciples continuent ensemble. Il y a quatre principaux godo, mais il y a aussi des dirigeants de dojo et de sesshin et de ce fait nous ne sommes pas toujours en position de maître. Nous avons, ainsi, toujours l'occasion d'être assis face au mur et de pouvoir être corrigés par les autres.

Ce qui signifie que Roland Rech peut délaisser momentanément le statut de godo et de président de l'Association zen et redevenir un simple pratiquant anonyme parmi trois cents personnes, et même recevoir le kyosaku.

Tout à fait ! Ce qui est important, c'est de ne jamais s'arrêter ni se figer dans une position acquise et se dire : « Maintenant, je suis passé maître... » Il faut ajouter que, lorsque nous enseignons, nous sommes aussi enseignés par les autres. Il existe un va-et-vient constant entre la position de transmettre et celle de recevoir.

La pratique de zazen, c'est à la fois une observation de soi, une vigilance et une concentration. De ce fait, il est évident que personne ne peut pratiquer zazen à notre place mais en même temps nous restons limités s'il n'y a pas aussi un regard, une main extérieure pour nous corriger. C'est pour cette raison que, dans le zen, les trois trésors sont :

Bouddha, *dharma* et sangha. Dans notre situation actuelle, la sangha joue un très grand rôle.

Une transmission authentique est toujours effectuée par un maître, c'est-à-dire un homme compétent et reconnu par ses pairs. Dans le cas du zen en France, de nombreuses personnes ont prétexté que Maître Deshimaru n'étant plus là, il était inutile qu'elles poursuivent cette voie. En dehors du maître, point de salut ? Comme si cela semblait affirmer que la présence de celui-ci était un label de garantie !

Cette question a déjà été posée à la Gendronnière à Maître Deshimaru peu avant sa mort. C'était au début de la session d'hiver de 1981, une grande partie des responsables des dojos zen se trouvaient là et désiraient avoir un entretien avec Maître Deshimaru.

A l'époque, Sensei m'avait demandé de les interroger pour savoir ce qu'ils voulaient exactement car il n'aimait pas faire des réunions spéciales, toujours soucieux d'enseigner à tout le monde sans faire de distinction entre les débutants et les responsables de dojo. Je les avais donc réunis dans le réfectoire afin de leur demander : « Pourquoi voulez-vous rencontrer Sensei ? » Leur question était : « Comment continuer à transmettre le zen dans les dojos quand on n'est pas reconnu comme un maître zen ? » Lorsque j'ai transmis la question à Sensei, il était furieux et il me dit : « Mais enfin, ça fait des années que j'enseigne, et vous devez avoir complètement confiance en mon enseignement. Vous devez créer à partir de cet enseignement et avoir confiance en vous et en la pratique. » Pour lui, la question d'être ou de ne pas être un maître ne se posait même pas. Selon lui, ce qui faisait le maître, c'est l'art de transmettre la pratique juste, et la foi dans cette voie. L'essence du satori, c'est la pratique juste. Le véritable éveil est de s'en remettre à la pratique de zazen et de vivre à partir de cette pratique sans rechercher une illumination spéciale. C'est pour cette raison que, lorsque Maître Deshimaru est mort, ses proches disciples n'ont pas douté un seul instant. Ils ont continué à pratiquer zazen et à le transmettre avec confiance parce qu'ils ne voyaient pas de séparation entre la pratique de zazen et le satori.

A la mort de Maître Deshimaru, comment eut lieu la transmission ?

Il faut savoir que Maître Deshimaru avait désigné un certain nombre de disciples, aspirants au *shiho,* qu'il appelait les *shusso.* Il avait dressé une liste dans laquelle figurait ces disciples qu'il avait appelés les *disciples de diamant.*

Avant sa mort, il avait l'intention de donner plusieurs shiho mais finalement le destin en a décidé autrement. Parmi les disciples déjà choisis, trois ont reçu le shiho de Niwa Zenji. Il est important d'insister sur le fait qu'après la mort de Sensei, les disciples qu'il avait choisis ne se sont pas autocertifiés, mais ont été désignés par la communauté des plus anciens disciples. J'ajoute que nous ne connaissions pas Niwa Zenji et ce qui devait être une simple formalité s'est transformé en une rencontre inoubliable et difficile à décrire.

Comment avez-vous vécu personnellement cette reconnaissance ? Quelle est l'importance du shiho ?

Cela m'a donné beaucoup de force et de confiance dans la possibilité de continuer à transmettre l'enseignement de Maître Deshimaru. L'essence du shiho, c'est que nous sommes bouddha. C'est le représentant de Bouddha qui nous transmet le shiho et nous donne cette confiance profonde dans le fait que, même avec notre karma, nos imperfections et nos limitations, nous sommes bouddha. Ce qui est merveilleusement illustré par la cérémonie du shiho. Au début le disciple fait *sanpai* devant le maître et à la fin de la cérémonie ils se prosternent côte à côte face à l'autel, signifiant par là qu'ils sont devenus égaux.

Est-ce la première fois dans l'histoire du bouddhisme zen Soto que le maître n'a pas désigné un disciple pour lui succéder ? Par exemple, il est clair que Maître Kodo Sawaki a désigné Taisen Deshimaru pour faire connaître le zen en Occident...

Il y a eu toutes sortes d'aventures dans l'histoire de la transmission du zen. On constate qu'il n'y a pas toujours eu une transmission directe de maître à disciple. Ce qui s'est passé après la mort de Maître Deshimaru n'est pas unique dans les annales. Par exemple, il y a déjà eu une période au cours de laquelle un maître n'a pas certifié de disciples et ce n'est qu'après sa mort que le maître d'une autre lignée l'a fait.

Vous évoquiez tout à l'heure une expression très célèbre dans le bouddhisme, « de mon âme à ton âme ». Que signifie-t-elle ?

Elle signifie que la transmission de l'éveil de Bouddha, de son esprit, se fait au-delà des Écritures, au-delà du langage. Cette transmission se réalise essentiellement dans le dojo, par la pratique de zazen avec le maître.

L'autre aspect de cette expression a trait à la relation entre le maître et le disciple dans la vie quotidienne. Par exemple, il peut arriver que nous ayons certaines questions à poser au maître et que, par hasard, sans que nous ayons besoin de formuler ces questions, le maître y réponde d'une manière directe, ou indirecte. C'est-à-dire que le maître touche l'esprit du disciple sans même que celui-ci ait besoin de poser la question. C'est une relation mystérieuse qui passe par l'inconscient du maître et du disciple et qui se développe par la pratique commune.

Cette expression possède, en fait, son origine dans la transmission silencieuse qui s'est effectuée entre Bouddha et son disciple Mahakashyapa. Un jour, lors d'une conférence, le Bouddha a pris une fleur et l'a fait tourner silencieusement devant ses disciples. Puis il a dit : « Je possède l'œil du trésor de la vraie loi, le merveilleux esprit du *nirvana*, et maintenant je le transmets à Mahakashyapa. » Au-delà de tout sermon, de toute explication, le disciple a vu la fleur elle-même, la fleur telle qu'elle était.

Cette perception de la réalité m'a beaucoup frappé lors de mes premières pratiques. C'est ce que l'on appelle dans le bouddhisme l'ainséité, le fait d'être ainsi, au-delà de tout ce que l'on peut en dire, du bien, du mal, du vrai et du faux. C'est la perception de la réalité au-delà du langage. On s'aperçoit que les explications peuvent continuer indéfiniment, et qu'à un moment donné il est nécessaire de s'arrêter car l'essentiel est inexprimable. Celui-ci peut se manifester dans une certaine qualité d'attention, dans un regard, un état d'esprit, qui se réalise au moment où on abandonne toute intention de comprendre, de saisir, de juger, au moment où il n'existe plus de séparation entre la fleur telle qu'elle est et celui qui la regarde. Mais cette explication reste encore approximative. A ce moment, il n'y a que le geste qui peut prendre le relais. Cessez de vouloir expliquer zazen et faites zazen !

Cette conscience qui se réalise en zazen lorsque la conscience est libre du langage, on l'appelle la conscience *hishiryo*, elle est libre de l'intellect et de tout aspect dualiste. Elle est la même chez le disciple et chez le maître. La transmission qui s'effectue en zazen, c'est la transmission de cet esprit. C'est pourquoi nous attachons tellement d'importance à la pratique, ce n'est qu'à travers elle que peut se manifester cette expérience. Sincèrement, on ne peut ni l'expliquer ni l'écrire sans en trahir l'essence !

Je me souviens du moine avec qui j'ai pratiqué zazen au début. Lorsque je lui posais des questions ayant trait à la végétation japonaise que je découvrais pour la première fois, il me répondait en riant : « *It is what it is* » (« C'est ce que c'est », « C'est cela »). C'est la seule chose qu'il m'a enseignée avec des mots, et je me rends compte aujourd'hui que cela représente l'enseignement essentiel du zen.

On vient de parler de la relation du maître et du disciple, peut-on parler d'une progression ou d'une évolution dans cette relation ?

Au début, le maître est le maître, et le disciple est seulement le disciple. Il existe une grande distance entre l'un et l'autre, une sorte de révérence, de crainte, car le maître paraît « tout autre », enfin ce fut le cas pour moi. Le maître ayant un effet de miroir très puissant, lorsque nous avons des questions à lui poser, nous percevons aussitôt la vanité de nos demandes, de nos désirs, et en même temps nous éprouvons le besoin de le questionner car nous sentons qu'il vit dans une réalité beaucoup plus profonde que la nôtre, qui est en nous, mais nous échappe.

Progressivement, à travers la pratique commune de zazen, nous commençons à ressentir le partage de cette expérience, nous vivons de plus en plus dans cette réalité que nous avons perçue chez le maître. L'écart initial se réduit et nous réalisons que cet esprit qui semblait n'appartenir qu'au maître, qui nous paraissait « tout autre », existe également en nous. Ce n'est pas le maître qui nous donne son expérience, c'est à travers l'enseignement, la pratique de zazen, que nous nous réapproprions progressivement notre propre réalité. Alors nous sentons que la différence entre lui et nous n'est plus aussi importante.

Il existe une parabole à ce propos : la parabole du fils de l'homme riche. Un enfant quitta très jeune la maison de son père et partit vivre avec des mendiants. Pendant des années, son père le fit rechercher et finit par le retrouver. Le fils ne voulait pas admettre que cet homme riche était son père et il a fallu l'attirer par un subterfuge. Le père a alors engagé son fils comme employé au plus bas de l'échelle, et progressivement il a gravi les échelons et occupé des postes de plus en plus importants. Jusqu'au moment où il a pu accepter la parole de son père lui disant qu'il était son fils et que toutes les richesses qu'il possédait lui appartenaient. Mais il a fallu du temps car le fils était tellement habitué à sa propre misère qu'il ne pouvait pas se croire le digne héritier de cet homme riche. C'est aussi l'histoire de l'enfant prodigue.

On dit souvent que le maître donne beaucoup au disciple mais peut-on dire en retour que le maître reçoive autant du disciple ?

Je pense que le maître n'a absolument pas besoin du disciple, s'il avait besoin du disciple il ne serait pas un maître. Par contre, il existe des personnes qui ont besoin de disciples pour se sentir devenir maître. Historiquement, il est vrai que l'on décrète que telle personne était un grand maître car il avait beaucoup de disciples.

Mais il a également existé beaucoup de maîtres qui n'ont pas eu de disciples. Être un maître, c'est avoir réalisé sa véritable nature et n'avoir besoin de rien. Le fait de vouloir transmettre par compassion est simplement l'expression naturelle de sa réalisation. Ce qui ne signifie pas que le maître ne reçoive rien du disciple. Par exemple, Maître Deshimaru disait que si nous n'étions pas là, quelquefois il ne se lèverait pas le matin pour faire zazen. Le maître est en fait entraîné par ses disciples dans une pratique intense. Le disciple, par sa demande, oblige le maître à continuer à être le maître. Il l'oblige à pratiquer, à trouver différents moyens d'exprimer et d'enseigner la voie.

Quelle est l'origine du nom de cette pratique, sanzen ?

San signifie la réunion, la rencontre. La vraie transmission du zen se fait par la pratique de zazen dans le dojo en présence d'un maître de la transmission. C'est la rencontre avec soi-même, avec l'esprit de bouddha transmis de maître à disciple et incarné par le maître présent dans le dojo. La pratique ne peut être vécue que personnellement par chacun, la transmission n'est pas quelque chose qui va nous être apporté par l'extérieur. La véritable transmission est une transmission de soi-même à soi-même. Elle est rendue possible par quelqu'un qui est présent, qui en témoigne et qui l'actualise, car lui-même l'a reçue.

Comment se déroulait l'enseignement de Maître Deshimaru en dehors du dojo ?

Comme Kannon [1] aux mille mains, Sensei utilisait tous les phénomènes pour éduquer ses disciples. Les soirées que nous passions ensemble nous permettaient de voir nos *bonno* apparaître dans le miroir

1. *Bodhisattva* de la compassion.

que Sensei présentait par sa simple présence. Souvent, il nous appelait le soir pour une réunion. Je me disais que j'allais en profiter pour lui poser telle question, mais quand j'arrivais devant lui la question s'était évanouie comme une pensée en zazen à la fin de l'expiration. Rien de personnel n'était plus important. Sans demande personnelle, nous pouvions vraiment jouer ensemble, faire des plans. Par exemple, lors de ces soirées, il nous arrivait de passer en revue les disciples dont les noms montaient ou descendaient plusieurs fois en une soirée sur un tableau où Sensei s'amusait à les classer (les plus élevés étaient les Diamants, puis venaient les Golden, puis les Bleus, les Roses)... Mais quand notre nom venait sur la table, c'était surtout l'occasion de réaliser que nous n'étions pas si détachés de son appréciation.

A d'autres moments, si nous désirions voir Maître Deshimaru, c'est sa secrétaire qui nous recevait et Sensei lui faisait demander ce que nous voulions. « Il veut vous parler d'un problème personnel. — Dites-lui que Sensei se repose. » Par contre, si le visiteur répondait qu'il ne voulait rien, juste voir Sensei, alors celui-ci répondait immédiatement : « D'accord, faites-le entrer. » D'autres fois, à l'occasion d'un problème dans la sangha, Sensei désirait se concerter avec ses proches disciples. Dans ce cas, lorsqu'il critiquait quelqu'un, nous pouvions écouter ses critiques comme si elles nous étaient adressées, car souvent Sensei ne nous critiquait pas directement. La pire attitude consistait à prendre la défense de celui qui était critiqué : Sensei prenait cela comme un rejet de son enseignement et l'avocat devenait aussitôt le premier accusé. « Qui se trompe ? » disait-il, furieux. Certains ne s'en sont jamais remis... Il fallait comprendre la source de son esprit et ne pas se perdre dans les arguments qui ont cours dans le monde ordinaire. Il pouvait également arriver que Sensei ait juste envie de se détendre et il racontait alors des histoires cocasses comme celle des boules d'or de Kodo Sawaki, qui nous faisait pleurer de rire (surtout parce que Sensei en riait toujours beaucoup lui-même). Demandez à un moine de vous la raconter car cela passe très mal par écrit.

D'autres fois encore, nous jouions ensemble, comme cet après-midi d'été 1978 où nous nous trouvions au bord du lac de Tignes : Sensei, Anne-Marie, Annick, Évelyne, Étienne et moi. Sensei proposa de faire de la barque. Il prit avec lui les trois femmes et je pris une autre barque avec Étienne. Nous avions chacun une rame en main, tandis que Sensei ramait seul, encouragé par ses secrétaires. Au bout d'un moment (au cours duquel Sensei avait eu tout le loisir de nous observer), il nous proposa une course : qui arrivera le premier sur l'autre rive. Une intéressante régate en perspective pour les bodhisattvas !

Avec Étienne, on éclata de rire : il est fou, il va se faire battre à plate couture, et c'est encore nous qui allons nous faire critiquer. (Nous avions déjà pris un sérieux savon pour être allé skier, laissant Sensei seul à la grande table du déjeuner.) Mais nous décidâmes tout de même de jouer le jeu. Nous empoignons chacun notre rame et tirons de toutes nos forces, entraînant notre embarcation dans un tourbillon d'écume, mais en zigzaguant comme des ivrognes, tandis que Sensei file droit au but au milieu de cris hystériques de ses admiratrices : « *Gyatei! Gyatei!* » Nous avons encore entendu parler de cet épisode au *kusen* du soir. Évidemment, plusieurs conclusions pourront être tirées de cette histoire en forme de koan. Mais le mieux est de laisser celui-ci ouvert, comme la vie !

II

Le sens de la tradition

A vous entendre, nous pouvons donc affirmer qu'une transmission authentique ne peut être assurée que par un être « éveillé » ?

Oui, bien sûr, mais il faudrait peut-être revenir à cette notion d'éveillé. Qu'est-ce qu'un éveillé ? Et à quoi s'éveille-t-on dans la pratique du bouddhisme zen ?

Nous nous éveillons tout d'abord à la véritable connaissance de nous-mêmes. Nous éclairons nos « ombres », nos bonno, sans nous attacher à une quête du satori. Maître Dogen disait : « Les personnes ordinaires se font des illusions sur le satori, les bouddhas sont ceux qui éclairent leurs propres illusions. »

Les bonno sont constitués par toutes les causes de souffrance, en particulier tout ce qui nous porte à nous attacher à un objet extérieur. Ces causes proviennent de ce que nous ne sommes pas authentiquement nous-mêmes. Nous avons constamment besoin de combler ce vide par l'obtention de quelque chose d'extérieur à nous. Dans le zen, nous ne prônons pas l'ascétisme et le détachement, mais seulement la non-dépendance. Par exemple, l'amour véritable ne consiste pas à être attaché et dépendant de l'être aimé. Si l'être aimé n'est là que pour combler un manque, cela devient une passion malheureuse, qui se vit dans l'angoisse, dans la peur de perdre. Donc, tant que nous ne réalisons pas notre véritable nature, le manque existe. L'essentiel est de prendre conscience que nous sommes dans une situation de manque. Nous en sommes tous affectés et nous tentons désespérément d'y échapper dans une quête frénétique d'objets de satisfaction.

Ce manque découle de la sensation d'être séparé de l'univers alors qu'en réalité nous sommes en unité avec lui. Nous pouvons expérimenter cette réalité en zazen, et réaliser intimement que tout est là.

Il s'agit donc de s'éveiller à ses bonno, de comprendre son manque et de quoi il provient, d'observer tout l'enchaînement qui en découle : les désirs, l'attraction, la haine, le rejet, l'ignorance, c'est-à-dire la méconnaissance de soi. Maître Deshimaru possédait une parfaite connaissance de ses propres bonno et nous aidait à découvrir les nôtres. Être éveillé consiste à s'éveiller de ses propres illusions sans chercher à obtenir l'éveil comme une sorte d'illumination mystique finale. Se découvrir soi-même, c'est comprendre son karma, ses illusions, ses passions, la racine de ses souffrances. Et enfin, dans la mesure où nous avons vu tous ces mécanismes, ne plus en dépendre.

Le deuxième aspect de cet éveil consiste à comprendre que tous ces bonno ne sont fondamentalement que vacuité, c'est-à-dire qu'ils vont et viennent. A travers zazen, nous pouvons faire l'expérience d'un état de liberté, de détachement par rapport à ces bonno. Même si cette prise de conscience ne dure que le temps du zazen, c'est une expérience décisive qui nous montre que tous les attachements et les phénomènes mentaux qui apparaissent retournent très vite à la vacuité, à la non-pensée. Nous comprenons alors que tout le théâtre mental qui se joue dans la vie quotidienne n'a en fait pas plus de substance qu'un rêve, qu'une fantasmagorie. Ces phénomènes existent mais n'ont rien de substantiel. Cela nous amène progressivement à un détachement et à une dédramatisation de notre vie. Un maître zen, juste avant de mourir, donna son testament en quelques mots : « La vie est un rêve. » Réaliser cela est un grand éveil.

Cet éveil, ou compréhension, se produit dans la conscience hishiryo de zazen, au-delà de la pensée. C'est un retour aux conditions normales de l'être. Dans la tradition du zen Soto, ce que l'on appelle éveil, c'est le zazen lui-même. Il n'existe pas de dualité entre la pratique de zazen et un éveil qui serait obtenu au moyen de l'assise immobile. Être en zazen, c'est réaliser l'éveil ! Par conséquent, la personne éveillée qui transmet le zen est celle qui s'est éveillée à la pratique juste de zazen.

Cet éveil que nous pouvons vivre en zazen nous amènera ensuite à une meilleure compréhension de nous-mêmes dans la vie quotidienne et à vivre des instants de satori en dehors de zazen. Peu à peu, nous vivons la vie quotidienne comme un prolongement de zazen, transformant notre manière d'agir, de penser et d'être. Mais cela ne peut se réaliser qu'inconsciemment et naturellement. Il n'existe pas de vie dans laquelle il n'y a qu'un état de satori constant, tous les bonno étant éliminés. Je pense que nous allons constamment de l'un à l'autre. Il n'existe pas de séparation absolue entre éveil et illusion. On s'éveille de son illusion d'instant en instant.

N'y a-t-il pas, parfois, une part d'infantilisme à chercher un maître dans le monde d'aujourd'hui où il fait parfois beaucoup plus office de père et de mère sur qui on projette toutes les demandes que l'on n'a pas réussi à satisfaire étant enfant ?

On ne projette pas sur lui tout ce que l'on n'a pas reçu mais on voit s'actualiser tout ce qui reste caché et obscur en nous.

Maître Deshimaru avait en lui la force et la sagesse du père ; l'amour et la compassion d'une mère. L'amour qu'on pouvait éprouver à son égard avait quelque chose de stimulant et non d'aliénant. Son but consistait, avant tout, à nous inciter à suivre la même pratique libératrice que lui sans nous attacher à sa personne. Chez lui, il n'y avait pas de désir d'emprise sur les êtres mais le simple souhait de nous rendre véritablement libres. Comme dans la parabole du fils de l'homme riche du Sutra du Lotus, il visait à nous faire connaître notre propre trésor, notre propre nature de bouddha au lieu de quêter la sagesse chez les autres.

De nos jours, comment reconnaître un véritable maître ? Surtout avec la recrudescence des sectes beaucoup plus soucieuses de libérer les portefeuilles que les cœurs.

Actuellement, il est vrai que tellement de faux maîtres et de faux gourous se retrouvent à la tête de sectes que cela a créé un climat naturel et justifié de méfiance et de crainte. Ce sentiment rejaillit aussi sur la notion de maître en général, et c'est dommage.

On peut dire également que la demande spirituelle est aujourd'hui extrêmement forte et que c'est cette demande qui a créé les faux maîtres s'intronisant eux-mêmes et ne pratiquant pas ce qu'ils enseignent. Rappelons qu'un faux maître enseigne avant tout une voie erronée qui ne peut conduire à une authentique libération. Elle n'est que le résultat de paroles vides, non fondées sur l'expérience profonde. La seule prétention à être un maître est déjà suspecte. Croire avoir atteint quelque chose est d'une grande prétention. Il est préférable de rester modestement un éternel disciple, même si les autres vous placent dans la position du maître parce qu'ils ressentent du respect et de la confiance dans ce que vous représentez et exprimez. A cela j'ajoute que le nombre des disciples n'a rien à voir avec l'authenticité du maître. Actuellement, certaines personnes sont tellement désorientées qu'elles sont prêtes à suivre n'importe quoi, comme le nain qui, sans voir le spectacle, se contente de rire quand la foule rit.

Ce besoin du maître spirituel correspond à une évolution de notre civilisation car nous vivons à une époque de fin des idéologies et des systèmes. Chacun a besoin de retrouver des références, un guide, par lui-même.

Mais pour revenir à la question initiale, il y a deux aspects. Tout d'abord, il est nécessaire qu'il y ait une confiance, une foi, un désir intense de suivre non pas la personne en elle-même mais le chemin que cette personne a suivi. Ce qui signifie que cette personne incarne dans sa vie quotidienne la réalisation de cette voie. C'est une perception totalement subjective sur laquelle on ne peut pas véritablement fonder sa réflexion. Cela nous permet simplement de créer certains garde-fous, certaines barrières.

En revanche, un vrai maître zen est l'héritier de l'enseignement du Bouddha. Il en a reçu la transmission grâce à une longue chaîne de maîtres et de disciples et a été authentifié par un maître lui-même certifié. Il existe donc un critère objectif. Il peut arriver que quelqu'un qui a suivi l'enseignement d'un véritable maître n'ait pas été certifié par ce maître, pour différentes raisons, ce qui a été notre cas après la mort de Maître Deshimaru. Dans cette circonstance, il est nécessaire de rechercher la certification d'un maître afin de ne pas avoir à se certifier soi-même. La continuation de cette chaîne ininterrompue de certification depuis le Bouddha et ce, de maître à disciple, est importante et, je le répète, il est très dangereux que les maîtres s'autoproclament. Il peut y avoir, ainsi, beaucoup d'abus et de doutes.

On peut ajouter que pour devenir un maître il est capital d'avoir été un disciple et de le rester. C'est-à-dire savoir garder constamment une capacité de remise en question, ne jamais penser que l'on a atteint un but. C'est cette attitude qui doit être transmise au disciple et non celle d'une vérité figée, atteinte une fois pour toutes. Maître Deshimaru nous donnait envie de suivre ce qu'il suivait, une vérité au-delà de lui-même. Ainsi, lorsque je donne l'ordination à quelqu'un, je ne l'incite pas à me suivre mais à suivre ce que je suis, c'est-à-dire la pratique juste de zazen telle qu'elle m'a été transmise par Maître Deshimaru.

Qu'est-ce qui distinguait un sage tel que Maître Deshimaru d'un autre homme ? Concrètement, dans son vécu, qu'est-ce qui laissait entrevoir qu'il s'agissait bien d'un sage même s'il était parfois discrédité par certains parce qu'il buvait et fumait ?

Eh bien, je vais vous le dire. En tout cas, sûrement pas le fait qu'il fume ou ne fume pas. Il vous donne simplement envie de le suivre. Pas lui, mais ce qu'il suit. Vous êtes inspiré et heureux en sa présence, et en même temps vous souhaitez vous tourner dans la même direction.

Il y a aussi le fait qu'il a totalement engagé sa vie dans la pratique de la voie et qu'il a mis toute son énergie et son expérience à aider les autres à la réaliser. Sensei, par exemple, ne se prenait pas pour un grand sage mais se laissait éclairer par zazen. Il harmonisait sa vie avec cet enseignement de zazen en ne se distinguant pas des gens ordinaires car il percevait la vacuité de toute différenciation. Il vivait, au-delà de son ego, sa véritable unité avec les autres et la nature. Il vivait réellement ici et maintenant.

De façon plus générale, et selon vous, qu'est-ce que la sagesse ?

La sagesse est infinie et illimitée, au-delà des critères. Il importe de ne pas s'attacher à une notion de sagesse car elle devient très vite une illusion. C'est le doute et la peur qui vous poussent à rechercher des critères. On répète souvent que « le fou est celui qui se prend pour un sage, le sage celui qui connaît sa folie ». La sagesse c'est se comprendre soi-même, et voir que nous ne devons pas enfermer ce « soi-même » dans une connaissance limitée.

Si le vécu du maître est le reflet d'une perfection intérieure, comment peut-il en apparence avoir parfois de mauvais côtés ?

Le maître a aussi son karma et donc ce que l'on appelle des défauts. Mais il n'en dépend pas. Il les utilise librement pour aider les autres. Ses passions deviennent ainsi source d'éveil pour lui et pour les autres. Le vrai zen ne consiste pas à les trancher, mais à les transformer et à en utiliser l'énergie pour la pratique de la voie. Par exemple, lorsque Maître Deshimaru nous invitait à boire, il permettait d'abolir la barrière entre maître et disciple, faisait tomber les masques et les préjugés. Il nous amenait à cesser de nous prendre au sérieux. Sensei nous apprenait constamment à harmoniser en nous les aspects bons et mauvais, sans s'attacher à aucun.

Maître Deshimaru était un vivant exemple de cette harmonisation. Il unifiait en lui tous les aspects, celui de l'être humain avec ses émotions et ses passions, et aussi celui de Bouddha qui en voit l'illusion, la vacuité et s'en détache. Il ne représentait pas un idéal de sainteté, coupé de toutes les passions ou de tous les attachements, mais il les avait tous vécus, reconnus et intégrés. Il nous permettait de voir en nous-mêmes les deux visages, celui du démon et celui du Bouddha. Il s'agissait d'un maître car il n'avait pas peur de reconnaître et d'accepter ces deux aspects en lui, nous permettant ainsi de les reconnaître et de les accepter en nous. Il calligraphiait souvent sur les kyosaku l'expression « *Maku-*

mozo. » (« Ne vous illusionnez pas vous-même »). Maître Deshimaru était capable de rire de ses propres illusions et enseignait *mushotoku* (le non-objet, le non-attachement). Dans la vie quotidienne, il représentait le miroir dans lequel nous pouvions nous observer en situation, cherchant constamment à nous emparer de quelque chose et à nous y attacher. Il possédait une grande capacité de démasquer chez l'autre les côtés illusoires de son ego, car il avait lui-même effectué ce travail. Souvent, on imagine le sage ou le saint n'ayant plus de karma, plus de défauts. Le maître zen est celui qui les intègre et les dépasse sans avoir à les rejeter. Si nous suivons un maître trop pur, trop idéal, le désir d'être à son image constitue un obstacle, une cause de méconnaissance de nous-mêmes. On va vouloir rejeter ou cacher ses côtés négatifs et chercher à se montrer sous un aspect favorable. Ainsi, celui qui avait commis de nombreuses actions en faveur du bouddhisme, comme l'empereur Wu de Liang qui s'entendit répondre par Bodhidharma : « Aucun mérite. » Il n'y a jamais aucun mérite. Avec Sensei, lorsque je croyais être dans le juste ou le vrai, ou pensais avoir compris quelque chose d'essentiel, il me déstabilisait, ne m'autorisant jamais l'autosatisfaction. Maître Dogen disait : « Le vrai maître, peu importe son âge, son sexe, ses origines ; il doit seulement être au-delà de tout, être l'homme du satori, un homme absolu, vrai et sincère, gouverné par aucun karma : ni par sa propre pensée ni par celle des autres. » Cette description correspond à ce que nous ressentions de Sensei dont la réalisation s'exprimait avant tout par une vie non égoïste, totalement consacrée à aider les autres à réaliser la voie.

A propos du sage ou du saint, qu'est-ce qui les distingue ? Peut-on parler de sainteté à propos d'un sage et inversement ? La sagesse est-elle une étape intermédiaire vers la sainteté ?

Dans la tradition bouddhique, on reconnaît comme un saint celui qui a suivi la voie du Theravada (Petit Véhicule), qui s'est coupé de ses passions. Le maître, le sage du Mahayana (Grand Véhicule), est celui qui a reconnu ses passions mais ne les suit pas, car il les a intégrées et dépassées. Il est capable de les transformer, de les utiliser, d'en jouer librement. La liberté intérieure réalisée par le sage du Grand Véhicule provient de la vision constante de ses attachements, de ses passions et de leur vacuité. Il n'y a pas d'ascèse à réaliser afin de les éliminer en les tranchant ou en les rejetant. Le sage possède l'intuition, la compréhension, et se situe moins dans la discipline. Le cheminement du saint du Petit Véhicule est plus dualiste, il cultive la pureté et rejette l'impureté. La sagesse ultime consiste à voir qu'en dernier lieu il n'y a pas de pureté ni d'impureté, que toutes les dualités sont illusoires.

Si on désire pratiquer seul, il est beaucoup plus facile de pratiquer la voie du Petit Véhicule. Dans la voie du Grand Véhicule, on peut comprendre intellectuellement que tout est vacuité, qu'il n'y a pas d'ego, que tout est illusion et on peut même penser que tout est permis. Mais cela ne résout rien, au moindre conflit ou à la moindre contradiction la souffrance réapparaît. Vivre véritablement la vacuité signifie la vivre quotidiennement à travers la pratique de zazen. Cela réclame une grande attention, une grande vigilance dans la vie quotidienne. La vision de la vacuité de l'ego doit s'imposer à soi comme quelque chose de vécu, d'intériorisé. Si la vacuité est véritablement vécue, elle se manifeste dans notre relation aux phénomènes par un lâcher-prise. Si on pratique seul, sans maître, on sera peut-être tenté de devenir dogmatique, et même d'intellectualiser la notion de vacuité. Maître Deshimaru nous débusquait constamment dans ce genre d'entreprise. C'était ce regard qu'il portait sur nous, comme sur lui-même, qui nous était le plus utile. Lorsque j'entends des personnes me dire qu'elles n'ont plus d'illusions, plus de passions, plus d'émotions, cela me paraît suspect. On crée une illusion supplémentaire qui peut provoquer un arrêt de l'évolution. Pour moi, le satori et l'illusion vont de pair. Je pense que l'on n'est jamais totalement détaché. Notre capacité à nous illusionner est constante. Notre karma ne peut être tranché à tout jamais ! La maîtrise consiste à voir et à être capable de sourire de ce que nous voyons, à accepter, à intégrer et à ne pas en être possédé. C'est à cette seule condition que l'on peut continuer un véritable cheminement. Le vrai maître est celui qui ne se reconnaît pas comme maître mais a toujours conscience que quelque chose lui échappe. On ne peut pas dire : « Maintenant, je suis véritablement un maître, j'ai le satori. » Rester humble est important. Voir, comme le disait Maître Dogen, que sur la voie nous sommes toujours à mi-chemin. A ce sujet, maître Ryokan écrivit ce poème : « L'année dernière un moine idiot, cette année aucun changement. »

La tradition du bouddhisme zen Soto est aujourd'hui bien implantée en Europe et la mission de Maître Deshimaru se développe aussi bien en Argentine qu'au Canada. Récemment, des dojos se sont implantés en Irlande et en Roumanie. Nous souhaiterions revenir avec vous sur les grands axes de cette tradition du bouddhisme zen depuis son origine.

Maître Dogen, qui introduisit le zen Soto au Japon en 1227, disait que ceux qui le qualifient de secte sont des démons. Pour lui, l'essence du zen se trouvait dans la pratique de la méditation assise, zazen, c'est-à-dire dans une totale unité du corps et de l'esprit avec la réalité telle qu'elle se manifeste ici et maintenant. Pénétrer cette réalité commune à tous les êtres fut l'essence de l'éveil de Bouddha, cinq siècles avant Jésus-Christ. Cette expérience a été transmise de maître à disciple en Inde pendant vingt-huit générations, puis en Chine à travers la lignée des patriarches commune aux traditions Soto et Rinzai. Ces écoles ont été transmises au Japon au début du XIIIe siècle, puis en Europe à partir de 1967, année de l'arrivée à Paris de Maître Deshimaru.

Bien souvent on parle du Bouddha, mais que sait-on de la transmission de l'essence de son enseignement, au-delà de la légende ?

Bouddha transmit l'essence de son enseignement à Mahakashyapa, lors de son sermon silencieux au pic des Vautours. Devant ses nombreux disciples réunis, il prit une fleur entre ses doigts et la fit tourner en silence. Comme je l'ai déjà raconté, seul Mahakashyapa comprit dans une parfaite communion « de mon âme à ton âme » avec son maître. Bouddha déclara : « Je possède l'œil du trésor de la vraie loi, l'esprit serein du nirvana, et maintenant je le transmets à Mahakashyapa. » Cette transmission de cœur à cœur, *i shin den shin*, peut se réaliser dans la pratique de zazen, assis ensemble en silence dans le dojo, quand on abandonne tout attachement au corps et à l'esprit ; dans une totale attention à ce qui est, ici et maintenant. Au-delà de toutes nos catégories mentales, cette transmission est confirmée par le shiho. C'est une certification de la réalisation du disciple par son maître, garantissant la pureté, sans déformation, de la transmission de l'éveil de Bouddha jusqu'à nous.

Ensuite, Mahakashyapa transmit le shiho à Ananda qui avait été le secrétaire du Bouddha, mais dont l'excès d'érudition avait retardé l'éveil complet. En effet, il avait toujours gardé un doute, comme c'est souvent le cas des intellectuels dont l'intelligence discursive obscurcit l'intuition, la vision immédiate de la réalité telle qu'elle est. Le jour où Mahakashyapa sentit qu'Ananda était prêt, ils eurent tous deux ce dialogue :

Ananda : « Maître, que vous a transmis le Bouddha en plus de son kesa brodé d'or ? »

Mahakashyapa appela alors d'une voix forte :

« Ananda !

— Oui, maître.

— Tranche le mât. »

En effet on dressait un mât surmonté d'une bannière lors de rencontres où les religieux s'affrontaient sur des points de l'enseignement.

C'est à cet appel qu'Ananda réalisa l'éveil. Ainsi, par un simple mot de Mahakashyapa, Ananda oublia toutes ses connaissances et tous ses doutes. Toute discussion était devenue inutile. L'essence de la vérité était réalisée et transmise, il n'existait plus aucune différence entre le maître et le disciple. Pendant un millénaire, cette transmission se poursuivit en Inde en passant par Nagarjuna, l'un des patriarches les plus célèbres dont se réclament plusieurs écoles du bouddhisme Mahayana.

De quelle façon le bouddhisme a-t-il pu, de l'Inde, parvenir jusqu'au Japon étant donné l'éloignement de ces pays ?

Avant d'évoquer l'apparition du bouddhisme au Japon, il faut revenir au VIe siècle après Jésus-Christ. C'est à cette époque que Bodhidharma transmit l'essence de l'éveil de Bouddha de l'Inde en Chine. Pourquoi Bodhidharma est-il venu de l'Ouest ? Cette question est devenue le centre de nombreux dialogues où le maître testait la compréhension de son disciple au sujet de l'essence du zen. Bodhidharma lui-même avait répondu : « Je suis venu en Chine pour transmettre l'essence du dharma de Bouddha et aider tous les êtres qui souffrent dans leurs illusions. » Il exprima également cette vérité dans un poème : « La fleur s'ouvre en cinq pétales, cette éclosion est un devenir naturel. »

La transmission du bouddhisme en Chine, au début de l'ère chrétienne, s'était faite d'abord à travers la traduction des sutras sanscrits. Initialement, ce fut une approche doctrinale et intellectuelle, comme ce fut d'ailleurs le cas en France avant la venue de Maître Deshimaru en 1967. Les Chinois se disputaient sur des points de doctrines, comme par exemple la question de savoir si l'éveil était originel ou acquis par l'étude et la pratique. Mais l'essence de la vérité réalisée par Bouddha leur échappait totalement car ils ne pratiquaient pas l'authentique zazen. Ce que Bodhidharma transmit, c'est la pratique juste, qui inclut la réalisation, au-delà de toute séparation entre pratique et satori. C'est la pratique pure, sans souillure, sans objet, mushotoku, qui a le pouvoir de guérir les hommes de leurs illusions issues de leur ego dualiste. Comme une fleur qui éclôt, sans imitation, sans préméditation. Elle réalise et exprime totalement sa nature de fleur dans cette éclosion inconsciente et naturelle. Cette image s'applique également à l'être humain qui, assis en zazen, en unité avec la posture, la respiration, l'esprit libéré de tout objet et de tout obstacle, laisse passer sans s'y attacher tous les phénomènes qui surgissent à sa conscience et réalise sa nature pure et libre, en harmonie avec tout l'univers, sans chercher la vérité, sans rejeter les illusions.

A son arrivée en Chine du Sud, Bodhidharma rencontra l'empereur Wu de Liang, protecteur du bouddhisme, qui lui demanda :

« J'ai construit de nombreux monastères et aidé de nombreux moines, quels sont mes mérites ?

— Aucun mérite !

— Quelle est la vérité sacrée du bouddhisme ?

— Un vide infini et rien de sacré.

— Qui êtes-vous, là, en face de moi ?

— Je ne sais pas. »

Ce dialogue exprime l'essence de l'enseignement de Bodhidharma. « Aucun mérite » signifie que si nous pratiquons la voie pour obtenir une récompense, l'illumination, cette pratique intéressée, tournée vers un but, devient un esclavage et à l'opposé de la véritable liberté. Pratiquer sans but, ni esprit de profit, dans l'abandon total de soi-même permet de découvrir que zazen lui-même est l'éveil, le satori, une authentique libération.

Lorsqu'il poursuit en disant : « Un vide infini... », cela signifie qu'en zazen notre esprit est vide, semblable au vaste ciel qui inclut tout le cosmos et n'est pas dérangé par le vol des nuages blancs (les désirs, les émotions...). Car il est au-delà de toute notion et de toute opposition, sans souillure, en unité avec tout l'univers. « Rien de sacré » exprime que le profane et le sacré ne sont plus séparés. C'est revenir à la source de l'esprit religieux avant l'avènement des religions. Avant que la révélation ne se transforme en dogme, domaine du pouvoir et cause d'opposition entre les hommes. Mais cela signifie aussi que tout est sacré, tout exprime la nature de bouddha. Enfin, « Je ne sais pas » exprime que nous sommes alors sans conscience personnelle, sans savoir, sans dualité. C'est réaliser la dimension infinie et illimitée de notre existence en union avec toutes les existences. De cette réalisation naît l'authentique esprit de compassion qui ne crée aucune séparation entre soi et les autres.

Le zen, comme la philosophie depuis Socrate, s'est efforcé de réaliser une profonde compréhension de soi-même comme source de toute sagesse. Mais, alors que le philosophe s'efforce de saisir l'être en l'enfermant dans des concepts, l'expérience de zazen nous révèle que l'essence de notre existence est de n'avoir ni essence ni substance. Étudier l'ego, c'est l'abandonner en tant que conception limitée ne correspondant pas à la réalité de notre présence dans ce monde. S'étudier soi-même revient à s'oublier soi-même. C'est l'aveu de notre ignorance : finalement, nous ne savons pas ce que nous sommes. Cela est l'expression la plus juste du caractère infini de notre vie.

L'empereur ne put comprendre cette dimension de l'enseignement de Bodhidharma. Alors, ce dernier quitta la capitale pour se retirer au temple de Shorin-ji, dans les montagnes du nord de la Chine, où il pratiqua seulement zazen face au mur d'une grotte pendant neuf ans. Finalement, Bodhidharma rencontra un disciple, Eka, à qui il put transmettre l'essence du zen. Leur rencontre est restée célèbre. Par une nuit de neige, Eka se tint devant la grotte où Bodhidharma pratiquait zazen. Celui-ci ne lui prêta aucune attention. Alors, afin de lui démontrer sa grande résolution à suivre la voie, Eka se trancha le bras gauche avec un sabre. Voyant la détermination du visiteur, Bodhidharma l'accepta alors comme disciple et lui demanda :

« Pourquoi es-tu venu jusqu'à moi ?

— Maître, mon esprit n'est pas en paix, s'il vous plaît, pacifiez-le pour moi.

— Montre-moi ton esprit.

— Mon esprit est insaisissable, je ne puis vous le montrer.

— Alors, je l'ai déjà pacifié pour toi. »

Si nous réalisons que l'essence de notre esprit est insaisissable, nous n'avons plus besoin de nous tourmenter. Nous pouvons alors réaliser la véritable vacuité, vivre avec un esprit paisible en harmonie avec l'ultime réalité. Dans cet état, notre existence sans substance fixe n'est séparée de rien. Rien ne manque, rien n'est en trop. Nous n'avons plus besoin de courir aveuglément après tous nos objets de désirs. Notre esprit est pacifié ! C'est l'esprit qui se réalise en zazen et que l'on appelle hishiryo.

Cet esprit s'est transmis à travers les grands patriarches du zen chinois : Sosan (Seng-ts'an), Doshin (Tao-hsin) et Konin (Hung-jen) jusqu'à Eno (Hui-neng)[1] le sixième patriarche. C'est à partir de Doshin que le zen a commencé à être pratiqué dans de grands monastères. Le travail y a trouvé sa place car il fut considéré comme une application de la voie dans la vie quotidienne. Il a remplacé la mendicité, peu acceptable pour la mentalité chinoise.

La succession de Konin à Eno fut marquée par une première division ; celle qui opposa le zen du Nord et le zen du Sud. Le zen du Nord, représenté par Maître Jinshu (Shen-hsiu), mettait l'accent sur l'éveil graduel au moyen de la pratique de la méditation et des préceptes comme processus de purification. Alors que le zen du Sud, représenté par Maître Eno, privilégiait la réalisation immédiate, par l'intuition de notre vraie nature, qui est vacuité, absence de substance fixe, donc existence interdépendante de tout l'univers.

1. Le premier nom est la transcription japonaise du second nom (chinois), qui figure entre parenthèses.

Afin de choisir son successeur, Konin avait demandé à ses disciples d'écrire un poème exprimant leur compréhension de son enseignement. Jinshu, le plus intelligent de ses disciples, avait écrit :

Le corps est l'arbre de l'éveil
L'esprit est un miroir rond
Il nous faut sans cesse l'épousseter
Afin que ne s'y dépose pas la poussière.

Eno, qui était illettré et travaillait à la cuisine, se fit lire ce poème et s'exclama :

« Cela n'est pas l'essence de l'enseignement de notre maître, écrivez ceci :

Le corps n'est pas un arbre
Le miroir ne brille nulle part
Comme dès l'origine il n'y a rien,
Où la poussière pourrait-elle se déposer ? »

Ce poème valut à Eno de devenir le successeur de Konin et le sixième patriarche du zen en Chine. En lui ne subsistait plus aucune séparation entre pratique et réalisation. Sa pratique de zazen n'était pas une technique pour se purifier et se perfectionner spirituellement en vue de réaliser l'éveil. Dès le premier instant, zazen est réalisation de l'éveil suprême s'il est pratiqué avec la posture juste et une respiration correcte, dans une disposition d'esprit détachée de l'illusion et du satori, sans objet, sans but de saisir ou de rejeter quoi que ce soit. Mushotoku est la pure essence de l'éveil de Bouddha.

Après Eno, l'école du Sud se divisa en deux

lignées : celle de Seigen Gyoshi (Ching-yüan Hsing-ssu) qui allait devenir l'école Soto, et celle de Nangaku Ejo (Nan-yüeh Huai-jang) qui allait devenir l'école Rinzai vers le IXe siècle.

L'école Rinzai favorisa l'étude des koan, paroles des anciens maîtres, comme moyen d'accéder à l'illumination, zazen n'étant plus qu'un moyen pour se concentrer sur les koan. Les maîtres de l'école Soto, tel Maître Tendo Nyojo (T'ien-t'ung Ju-ching) qui fut le maître de Dogen entre 1223 et 1227, enseignaient la pratique de *shikantaza* consistant à se concentrer seulement sur la posture assise, s'observer soi-même, s'oublier soi-même, et ainsi s'harmoniser avec la vérité cosmique fondamentale, de manière inconsciente et naturelle. Ses adversaires l'appelèrent « école de l'illumination silencieuse », ce que maître Wanshi Shogaku (Hung-chih Cheng-chüeh) accepta positivement. Dans le silence de zazen, nous n'avons besoin de rien, la lumière de notre conscience en zazen brille au-delà de toute opposition entre soi et l'objet.

La tradition Rinzai avait été transmise au Japon par Maître Eisai qui fut le premier maître de Dogen. Celui-ci, insatisfait de cet enseignement, se rendit en Chine où il finit par rencontrer Maître Nyojo en 1223, qu'il reconnut immédiatement comme son vrai maître. Il incarnait à ses yeux la succession de Bouddha et des patriarches.

Depuis son passage dans l'école Tendai du bouddhisme, Dogen se posait la question suivante : « Puisque tous les êtres ont la nature de bouddha, à quoi bon pratiquer pour la réaliser ? » En pratiquant le zazen de shikantaza avec Maître Nyojo, Dogen comprit que la nature de bouddha était inséparable de son actualisation dans la pratique. Zazen n'était donc pas un moyen pour atteindre l'éveil, mais la réalisation et l'expression de l'éveil originel de tous les êtres.

Pouvez-vous nous expliquer de manière plus précise la différence entre les traditions Soto et Rinzai ?

Le cœur de l'expérience du zen Soto est zazen qui nous amène à abandonner tout attachement au corps et à l'esprit. C'est une expérience dans laquelle nous allons constamment au-delà de toute pensée et de toute émotion. L'esprit est sans objet. Il s'agit simplement de shikantaza, c'est-à-dire s'asseoir, dans la concentration-observation, en unité avec tout l'univers. Le zen Soto naquit véritablement en Chine avec maître Tozan Ryokai (Tung-shan Liang-chieh) (807-869), qui fut le onzième patriarche après Bodhidharma. Il exprime son éveil dans ce poème qu'il développe ensuite dans son *Hokyo Zan Mai*, poème sur le *Samadhi du miroir précieux :*

> Ne cherchez pas la voie chez les autres
> dans un endroit éloigné.
> La voie existe sous nos pieds.
> Maintenant je vais seul
> Mais je peux la rencontrer partout,

Il est maintenant certainement moi
mais je ne suis pas lui.
Aussi quand je rencontre quoi que ce soit
je peux obtenir la liberté véritable.

Parfois, lorsque l'on interroge des moines proches de la tradition Rinzai ou de la tradition Soto, on a souvent l'impression d'une certaine condescendance les uns envers les autres, comme s'ils affirmaient : « En dehors de Soto point de salut », et inversement.

Les deux voies représentent l'essence de l'éveil de Bouddha, la démarche est la même dans les deux cas. La différence fondamentale réside au niveau de la pédagogie, et nous pouvons la résumer en quelques mots : dans le zen Soto, la pratique de zazen n'est pas une technique de méditation en vue d'obtenir l'éveil. Il n'existe pas de dualité entre la pratique ici et maintenant et une illumination à obtenir dans l'avenir. Cette non-dualité entre la réalisation et la pratique constitue le point essentiel de l'éveil de Bouddha puisque l'échec de son ascèse antérieure était dû à la quête d'un éveil futur. Ce n'est que lorsque Bouddha a abandonné cette tension et qu'il s'est simplement assis sans objet qu'il a découvert l'éveil. C'est dans le lâcher-prise constant par rapport au résultat que la vraie révolution spirituelle s'opère.

Les maîtres Rinzai réintroduisent artificiellement cette tension en demandant à leurs disciples de résoudre un koan au moyen de la pratique de zazen. Ainsi, la pratique se trouve réduite à un rôle subalterne. Elle devient un simple moyen de résoudre le koan, qui n'est plus en soi réalisation de l'éveil mais une technique pour obtenir le satori.

Cette pédagogie peut sans doute offrir certains avantages si elle est maniée avec sagesse et dextérité par un véritable maître dans le contexte d'un monastère, mais elle demeure très périlleuse pour des Occidentaux. Malheureusement, il n'existe pas de grands maîtres japonais de la tradition Rinzai installés en Europe ; les Occidentaux ne peuvent les rencontrer qu'occasionnellement. Je considère que la méthode Rinzai comme la méthode tibétaine sont intéressantes mais qu'elles impliquent parfois de longs détours pour les Européens. Les koan représentent l'objet à saisir, à comprendre, la récompense. Nous passons un examen puis un second, en nous disant : « Ça y est, j'ai réussi à résoudre le koan numéro 1, je vais pouvoir résoudre le deuxième. » Je caricature à peine. Il existe mille huit cents koan. On peut ainsi passer des années à aller de koan en koan. Quel détour ! L'état de zazen est la réalisation finale reconnue par toutes les écoles du bouddhisme, mais certaines écoles remettent en doute la possibilité de l'aborder directement et pensent qu'elles doivent instaurer des étapes préalables avec une préparation physique et mentale. Cela peut être tout à fait légitime et logique car il n'est pas facile pour un Occidental à l'esprit très agité de pratiquer tout de suite la voie abrupte et sans objet. Malheureusement, nous voyons que les pratiquants se perdent dans les voies d'approche et finissent par ne plus distinguer l'essentiel considéré comme tellement inaccessible et lointain qu'il devient un mirage, et représente un obstacle dans la pratique. Je pense, comme Maître Deshimaru, qu'il vaut mieux aller directement à l'essentiel, ne serait-ce que parce que nous pouvons mourir demain. Parfois les écoles bouddhistes qui se réclament du Mahayana ou du tantrisme, qui sont donc a priori des voies non dualistes, le redeviennent dans leur pédagogie. Ce qui fait la grande force du zen Soto, c'est la confiance totale en zazen.

A propos des koan, Gérard Blitz nous a dit un jour : « Le koan, c'est une question où la réponse est davantage fournie par le corps que par la pensée. »

Oui ! Attention, je ne nie pas l'importance du koan. Ainsi, par exemple, j'accorde une importance extrême à la réponse que Sensei donna à ma première question : « Pourquoi existe-t-il quelque chose plutôt que rien ? » et à laquelle il a répondu : « Il ne faut pas seulement regarder les feuilles de l'arbre mais aussi les racines. » J'ai très souvent réfléchi à cette réponse et je l'ai vue chaque fois sous un éclairage différent. La question est éternelle et la réponse a une valeur infinie. Le koan doit actualiser de manière vivante la vérité éternelle.

Parmi tous les enseignements reçus, il est dit que le Bouddha, insatisfait, dégagea une voie qu'il nomma la voie du milieu : le zen, et créa une nouvelle méthode de méditation : le zazen. Pourquoi cette appellation ? Quelle est sa relation avec les autres pratiques traditionnelles et comment ont-elles pu lui servir de base ?

Le Bouddha cherchait à résoudre le problème de la souffrance liée à l'impermanence de la vie. Souffrance lorsque nous ne pouvons garder éternellement ce que nous aimons, ni éviter ce que nous détestons. Il cherchait un état de paix et de liberté : le nirvana, où la souffrance liée à la maladie, la vieillesse et la mort serait surmontée. Il trouva un premier maître, Alara Kalama, dont le dharma conduisait au domaine de la non-existence. Shakyamuni maîtrisa ce dharma et réalisa qu'il ne conduisait pas à l'absence d'illusions, à la suppression de la transmigration, au calme, au nirvana mais seulement au néant. Il ne fut pas satisfait et s'éloigna.

Puis il eut un second maître, Ouddaka, disciple de Rama. Son dharma conduisait dans un domaine où n'existait ni idée ni absence d'idées. Shakyamuni pratiqua ce dharma et le trouva également insuffisant car il ne conduisait toujours pas à la véritable libération. Il décida alors de se livrer à une ascèse très sévère qui le conduisit à un état proche de la mort, dans l'espoir qu'en mortifiant son corps par un jeûne sévère et en contrôlant les mouvements de son esprit à l'aide de sa volonté il parviendrait à supprimer ses désirs et à réaliser la liberté à laquelle il aspirait. En fait, il ne fit qu'accroître ses souffrances, et constata : « Ce n'est pas par cet ascétisme terrible que je dépasserai la loi humaine et que je parviendrai à distinguer clairement la véritable sagesse. » Enfin, il décida de s'asseoir en zazen et de ne plus bouger. Il réalisa ainsi l'éveil et devint le Bouddha.

Quelles sont les caractéristiques de zazen ? C'est tout d'abord l'unité du corps et de l'esprit. Il est en effet impossible de libérer l'esprit en s'opposant aux besoins naturels du corps et en le mortifiant. Un équilibre, une voie du milieu, est nécessaire. Il s'agit de ne pas poursuivre les désirs, mais de ne pas les rejeter non plus. C'est-à-dire ne s'attacher ni aux mortifications ni aux plaisirs. Le zazen est une voie équilibrée permettant un retour aux conditions normales du corps et de l'esprit. Par ailleurs, s'attacher à la non-pensée, au vide, ne peut amener à la vraie sagesse. En zazen, nous pensons du tréfonds de la non-pensée, observant les pensées qui apparaissent sans les poursuivre ni vouloir les supprimer. Il s'agit simplement de voir ce qui est, sans demeurer sur rien, avec un esprit libre de toute intention.

La véritable sagesse réside dans l'observation et dans la connaissance de soi-même. La concentration sans pensées est insuffisante pour réaliser cette sagesse. La recherche du nirvana ou du satori crée une tension, une dualité dans l'esprit. Le satori ne peut se réaliser qu'inconsciemment et naturellement quand nous l'oublions, tel Shakyamuni qui s'éveilla en voyant l'étoile du matin. Enfin, il y a la notion de non-progressivité et d'immédiateté. Ce n'est pas une voie qui se réalise étape par étape, de l'état infernal à l'état de Bouddha, comme on peut le voir dans d'autres voies. Il n'existe pas d'étapes entre la posture de départ et le satori à atteindre, zazen étant lui-même satori. Chaque zazen doit être absolu, ici et maintenant.

Le bouddhisme tibétain est très largement répandu en Europe. Malgré le fait que cette voie soit aussi issue du bouddhisme, comment se fait-il que ces deux voies comportent autant de différences formelles ?

Comme le bouddhisme tibétain, le zen reconnaît et intègre tous les enseignements du Bouddha qui se sont divisés en bouddhisme Hinayana, Mahayana et Tantrayana. L'aspect tantrique du zen est lié à l'assimilation de certaines pratiques du bouddhisme tantrique japonais, le Shingon, car au XIVe siècle de nombreux temples shingon devinrent des temples occupés par des moines zen. C'est surtout la pratique de zazen qui transforme l'énergie des désirs humains, sans que ces désirs soient rejetés au moyen de l'effort volontaire conscient. Cette transformation rejoint un aspect important du tantrisme, mais à la différence du bouddhisme tibétain, le zen est resté centré sur une pratique simple et dépouillée de toute adjonction culturelle locale. Ce n'est pas une technique spirituelle ni un moyen de réaliser l'éveil.

Dès que nous le pratiquons de façon juste, le zazen est éveil. Une véritable liberté au-delà de toute dualité. Pour des raisons pédagogiques et dans le désir louable d'aider les différents disciples, le bouddhisme tibétain a développpé des techniques très variées, mais le but de tous ces moyens est de réaliser l'état d'esprit de zazen comme étant l'éveil suprême.

Pourrions-nous revenir un peu plus en détail sur des notions fondamentales de la tradition bouddhiste zen Soto comme le dharma, la sangha ?

Le dharma est la vérité à laquelle Bouddha s'est éveillé par la pratique de la méditation assise, zazen. Cette vérité n'est pas un savoir appris, mais l'expérience de la réalité ultime de cet univers. Le dharma désigne donc la réalité, mais aussi la vision de cette réalité et la transmission de cette compréhension. Ce terme désigne également les choses telles qu'elles sont, les phénomènes, à propos desquels Bouddha enseignait qu'ils sont sans substance car ils n'existent que par interdépendance, ils sont impermanents, car nés de causes et causes de souffrances. Le dharma de Bouddha, son enseignement consista à voir la souffrance et ses causes, et à réaliser la voie qui permet à l'homme de revenir aux conditions normales du corps et de l'esprit, libéré de la souffrance.

La sangha est la communauté des disciples du Bouddha. Ils sont devenus disciples par l'ordination de moine, nonne ou bodhisattva. Par cet acte, ils expriment leur foi dans l'enseignement transmis et dans celui qui le transmet en tant que successeur du Bouddha. Ce que nous appelons *sanzen*, la pratique du zen, est la pratique sous la direction d'un maître. Sans maître, pas de sangha. Au sein de la sangha existent des rapports fraternels de sympathie et de respect mutuel. La pratique de chacun devient une stimulation et une aide pour les autres. A la différence de la pratique en solitaire, elle devient naturellement altruiste. Les autres sont autant de miroirs qui nous aident à nous comprendre et à nous oublier nous-mêmes. Enfin, la sangha est en unité avec le Bouddha et le dharma et constitue l'un des « trois trésors » du bouddhisme.

Qu'est-ce qu'un bodhisattva ? Maître Deshimaru disait, je cite de mémoire : « Si seulement ceux qui prennent les vœux de bodhisattva savaient à quoi ils s'engagent ! » Comme pour exprimer la gravité de l'engagement, à ne pas prendre à la légère mais en pleine conscience de ce que cela implique.

A l'origine, le bodhisattva était un disciple laïc de Bouddha qui suivait et pratiquait son enseignement sans renoncer au monde comme le faisaient les moines. Le bodhisattva mène une vie de famille et a une profession, restant en contact avec le monde social. Il exerce une influence bénéfique en ne se séparant pas des gens ordinaires et des difficultés de la vie sociale qu'il partage avec autrui. Avec le développement du bouddhisme Mahayana, il est devenu l'idéal de cette voie qui signifie le « Grand Véhicule », justement parce qu'elle n'est pas réservée à une minorité de moines mais constitue une voie de libération universelle, au-delà de l'idéal de sainteté ascétique du Petit Véhicule que seuls les moines retirés du monde peuvent réaliser. Le bodhisattva réalise à travers zazen que sa vie n'est pas séparée ni différente de celle des autres.

Lorsque nous expérimentons la vacuité, le non-ego, nous réalisons notre interdépendance avec tous les êtres de l'univers. Lorsque nous acceptons cette interdépendance, nous nous harmonisons avec l'ordre cosmique, nous la vivons positivement. On dit souvent que le bodhisattva renonce à son éveil tant que tous les êtres n'ont pas atteint le nirvana, mais en réalité il est déjà pleinement éveillé et c'est pour cela qu'il peut aider, par sa compassion naturelle. Le bodhisattva qui mène une vie non égoïste réalise le nirvana vivant au milieu du monde des phénomènes.

Les moines doivent être, avant tout, des bodhisattvas. Accomplir les actions du bodhisattva pour aider les autres, c'est ne pas s'en différencier, ni s'en séparer mais essayer de soulager les souffrances de tous les êtres sensibles. Avoir des paroles réconfortantes et pratiquer la patience, l'effort. Pratiquer la méditation pour agir avec sagesse et compassion.

*Qu'expriment les termes **ku** et **mu** ?*

Mu est négation, absence. On dit par exemple être *mushin*, sans conscience personnelle, sans intention, libre de tout objet. Cela désigne une manière d'être libre, spontanée. Ou bien on dit *mushotoku*, sans chercher le mérite, le profit, ou encore *mumyo*, non clair, non lumineux, qui désigne l'état d'ignorance, d'illusion de l'ego conditionné par le karma. Mais dans un mondo, mu est au-delà de la simple négation. C'est au-delà de tout dualisme. Dans la réponse de Joshu à la question : « Un chien a-t-il la nature de bouddha ? », « mu » exprime le caractère illimité de la nature de bouddha, échappant à toute détermination.

Ku désigne la vacuité, l'absence de substance fixe. Cela exprime l'interdépendance de toutes les existences. L'idéogramme ku désigne le ciel englobant tout, le cosmos, la réalité cosmique fondamentale. C'est notre esprit en zazen relié à tout l'univers. Aussi dans l'*Hannya Shingyo*, il est dit : dans ku, il n'y a ni ego, ni souffrance, ni peur, ni vérité, ni illusion. Réaliser ku, c'est devenir libre de tout objet et de toute opposition et aller ensemble au-delà du par-delà de tous les obstacles sur la rive du nirvana.

*Toujours dans le cadre de la tradition, pouvons-nous parler des éléments fondamentaux présents lors d'un zazen tels que le **zafu**, le **kesa**, le **kyosaku** ?*

Le zafu est un coussin rond d'une vingtaine de centimètres de haut rempli de kapok. Pour pratiquer zazen, nous nous asseyons sur sa moitié antérieure en croisant les jambes de manière à ce que les genoux touchent le sol. Le zafu permet donc d'avoir une posture stable, le bassin basculé en avant, respectant la courbure lombaire sans l'accentuer et sans créer de tensions. Ce qui nous permet de redresser la colonne vertébrale à partir de la taille et d'avoir le dos vertical. Le ventre est détendu et l'expiration peut devenir longue et profonde. L'usage du zafu remonte au Bouddha Shakyamuni qui s'était constitué un coussin d'herbe pour pratiquer zazen sous l'arbre de la Bodhi. Le zafu doit être personnel et adapté à la posture de chacun.

Le kesa est le vêtement du moine zen transmis depuis Bouddha. Lorsqu'il quitta son château pour pratiquer la voie de l'éveil, il abandonna ses vêtements de prince et se confectionna un vêtement ayant la forme d'un rectangle de tissu formé de bandes cousues ensembles. Chaque bande est constituée à partir de chiffons et de tissus rejetés par tout un chacun que Shakyamuni ramassa sur les champs crématoires. Soigneusement lavés, teints de couleur ocre et cousus ensemble, ces chiffons devinrent le vêtement avec lequel Shakyamuni pratiquait zazen, mendiait et réalisa l'éveil. Ce morceau de tissu devint le symbole de la métamorphose des passions humaines en sagesse. Lorsque le Bouddha transmit l'essence de son enseignement à Mahakashyapa, il lui remit également son kesa, qui continue à être transmis symboliquement de nos jours lors de la cérémonie d'ordination. Chaque moine doit posséder trois kesa : celui à cinq bandes ou *rakusu*, de petite taille, qui se porte dans la vie quotidienne, le kesa à sept bandes que l'on revêt pour pratiquer zazen et le kesa à neuf bandes qui se porte lorsque nous assurons une responsabilité dans l'enseignement, à l'intérieur du dojo ou lors d'une cérémonie.

Le kyosaku est un bâton dont une extrémité est plate et qui sert à aider les pratiquants de zazen à conserver la vigilance juste. Pour cette raison, on l'appelle le « bâton d'éveil ». Il est donné à ceux qui le demandent. On frappe alors sur le trajet de méridiens d'acupuncture situés sur la masse musculaire des épaules, près de la base du cou. La stimulation a pour effet de réveiller ceux qui s'endorment et de calmer ceux qui sont trop agités. Cela permet ainsi de retrouver la condition normale du corps, ni tendu ni relâché, et de l'esprit, au-delà de la pensée et de la non-pensée.

La cérémonie qui suit la pratique de zazen fait naître beaucoup de questions. Certains débutants disent aimer faire zazen mais être troublés par la cérémonie. D'autres décident de ne plus revenir à cause de cette même cérémonie. Pourtant, Maître Deshimaru disait que « l'essence du zen est la pratique de zazen et le kesa transmis lors de l'ordination ».

Personne n'est obligé de participer à la cérémonie. Vous pouvez pendant ce temps simplement rester sur le dernier rang, assis les mains jointes en *gassho.* Maître Nyojo disait : « La pratique du zen, c'est corps et esprit rejetés. Il n'est pas nécessaire de brûler de l'encens, de se prosterner, de répéter le nom du Bouddha, de s'imposer des mortifications ou de réciter des sutras. Concentrez-vous sur l'assise juste de zazen. »

Il est vrai que les cérémonies ne sont pas « nécessaires ». Zazen n'a besoin de rien : ce n'est pas une technique ou un exercice spirituel qu'il faudrait compléter par un rituel élaboré. Zazen lui-même est la pratique-réalisation de l'éveil suprême. A quoi bon s'encombrer de cérémonies ? Vous pouvez en effet décider de les supprimer, mais vous constaterez alors que se lever rapidement après zazen et passer sans transition à l'agitation de la vie quotidienne n'est pas satisfaisant. Vous vous demanderez certainement : « Ne pourrait-on pas pratiquer quelque chose de simple qui soit le prolongement naturel de l'attitude du corps, de la respiration et de l'esprit en zazen ? » C'est justement ce que nous appelons cérémonie et que nous continuons à pratiquer comme le faisait Maître Deshimaru.

Au début, nous joignons les mains en gassho et chantons le sutra du kesa. Gassho est le geste du respect. Il réalise l'harmonie entre soi et les autres, entre le matériel et le spirituel. Maître Deshimaru disait : « La main gauche représente Dieu ou Bouddha, la droite l'ego. En les joignant, on établit l'unité complète avec Dieu ou Bouddha. »

Ensuite, le godo offre de l'encens et tout le monde se prosterne en *sanpai*. Faire sanpai représente l'expression parfaite de zazen : abandonner son ego, rejeter son corps et son esprit et devenir humble face aux autres, face à l'ordre cosmique et aux bouddhas vivants qui viennent pratiquer zazen. Sanpai, c'est réaliser que le dharma, la transmission de l'enseignement, est beaucoup plus important que notre petit corps. Puis nous chantons l'*Hannya Shingyo*, le *Sutra de la grande sagesse*. Si vous l'étudiez, vous comprendrez que ce sutra exprime toutes les notions fondamentales du bouddhisme zen : l'esprit du non-profit, mushotoku, et la compassion de zazen. Bien sûr, pendant que vous chantez, il n'est pas nécessaire de penser à la signification, mais celle-ci s'actualise par la posture et l'expiration profonde du chant lui-même. Ensuite viennent les quatre vœux du bodhisattva :

« Si nombreux que soient les êtres, nous faisons vœu de les sauver tous.

Si nombreuses que soient les passions, nous faisons vœu de les vaincre toutes.

Si nombreux que soient les dharma, nous faisons vœu de les acquérir tous.

Si parfaite que soit la voie du Bouddha, nous faisons vœu de la réaliser. »

Ces vœux sont l'expression de la foi en zazen. Ils expriment la motivation à continuer éternellement la pratique. Quel meilleur sens à la vie humaine ? A ceux qui demandent : « Qu'est-ce que devenir bodhisattva ? A quoi engage l'ordination ? » la réponse est simple : continuer zazen et réaliser ces vœux.

Puis l'*eko*, le *Ji ho san shi* et l'offrande d'encens dédient la cérémonie qui vient de se dérouler à tous les maîtres de la transmission, à tous les pratiquants et à tous les êtres sensibles. C'est le don des mérites du zazen pour le bien de l'univers entier. Le *kito* a la même signification. Quand nous pratiquons zazen, sanpai et gassho, nous abandonnons notre conscience personnelle et nous ne pensons plus : « Je pratique pour les autres. » C'est à ce moment-là que la pratique devient universelle. Tous les êtres en reçoivent une influence bénéfique et répondent en créant à leur tour une sympathie mutuelle. C'est ce que nous appelons le développement de l'esprit d'éveil par *kanno doko*.

Que deviendrait la cérémonie sans zazen ?

Sans zazen, elle deviendrait un rituel formaliste, comme celui qui, à l'époque moderne, entraîne la décadence et la crise de l'authentique esprit religieux. Après zazen, la cérémonie simple que nous a transmise Maître Deshimaru devient l'expression de l'esprit religieux le plus profond et le plus vivant, aussi nécessaire à l'équilibre et à la vie de l'homme que le sont la nourriture et la respiration. En sortant du dojo, notre vie peut devenir l'expression de cet esprit dans une totale attention aux autres et à soi-même, et actualiser la sagesse et la compassion de zazen.

III

De l'ego en général et de la souffrance en particulier

La notion de souffrance est prédominante dans le bouddhisme. Pourquoi ? Peut-on dire que la souffrance est nécessaire et quels sont les moyens pour ne plus souffrir ?

Toute la démarche du Bouddha est née de sa découverte de la souffrance et de sa recherche d'un remède à cette souffrance universelle. Je crois personnellement que chacun d'entre nous doit passer par cette prise de conscience. Je ne considère pas la souffrance comme une fatalité ni comme un mal. Je ne pense pas non plus que la souffrance soit nécessaire à l'évolution et, comme dans la religion chrétienne, rédemptrice d'un péché originel. Pour moi, la souffrance est plutôt le signe, le symptôme d'un dysfonctionnement, qui est celui de la méconnaissance de notre réalité profonde. Cette méconnaissance amène le manque, la frustration, le besoin de construire un ego artificiel. On fonctionne alors d'une manière exclusivement dualiste, toute douleur devient souffrance. C'est-à-dire que toute douleur est perçue par l'ego comme une frustration, une atteinte, une injustice. Du point de vue de l'ego, il y a toujours une opposition à la douleur, une révolte qui transforme cette douleur en souffrance. Je dirais que la souffrance est une dramatisation et une non-acceptation de la douleur de la part de l'ego.

Nous pouvons faire une distinction entre la douleur et la souffrance. La douleur peut exister indépendamment de l'ego, la douleur physique, la maladie. D'ailleurs, souvent elle constitue un signal d'alarme, nous avertissant que l'intégrité de notre corps est menacée. La souffrance est de son côté un signal d'alarme au niveau de l'ego qui rejette la douleur. Par exemple, en zazen il peut arriver que nous ayons mal au genou, si nous ne dramatisons pas cette douleur, elle restera telle quelle. Si par contre intervient le processus mental : « C'est insupportable », quand se termine le zazen on se dit : « Qu'est-ce que je suis venu faire ici ? C'est la dernière fois que je fais une sesshin... » La douleur devient alors une véritable souffrance. Pourtant zazen n'est pas une mortification puisqu'il est tout à fait permis de décroiser les jambes si la douleur est insupportable. On ne recherche pas la douleur pour la douleur comme une épreuve à traverser. Il est important pour chacun d'entre nous d'utiliser la souffrance, de ne pas la rejeter, de ne pas l'éviter dans le but d'essayer d'atteindre directement un état idéal sans souffrance. Mais au contraire, il faut la considérer comme le symptôme d'une maladie, qui pourra être ensuite guérie. C'était l'attitude du Bouddha.

Parfois, nous souffrons mais ne savons pas exactement pourquoi. C'est une sorte de malaise, d'état de frustration, de mal-être. Ce n'est pas un état de souffrance bien caractérisé avec une cause perceptible. Il est alors important d'être attentif, d'avoir conscience de tout malaise qui peut apparaître et d'en comprendre véritablement l'origine. La souffrance nous permet alors de découvrir que nous sommes victimes d'une illusion, d'un attachement, d'une méconnaissance de nous-mêmes et que nous vivons à côté de notre véritable nature. Chaque souffrance peut permettre de redécouvrir la condition normale. Ce que Maître Deshimaru appelait le satori, c'est ce retour à la condition normale.

Donc, le cheminement consiste à voir ce qui nous empêche de vivre heureux et libres. Nous pouvons alors nous apercevoir que nous sommes continuellement en dualité avec la réalité, situés dans le désir, car nous sommes dans le manque. Nous devons nécessairement réaliser que notre existence est impermanente, limitée par le corps, l'espace et le temps ; que nous sommes soumis à la naissance et à la mort, alors que nous aspirons à être totalement illimités, dans un état de plénitude permanente au-delà de la mort et du manque. Cette aspiration nous pousse à créer un ego permanent représentant une image ou une idée de soi à laquelle nous nous attachons. C'est cette fausse identité qui crée la souffrance. Nous nous retrouvons alors séparés du reste de l'univers, enfermés en nous-mêmes, limités dans le temps et l'espace. C'est alors que survient cette sensation de manque.

La souffrance nous conduit toujours à cette identification à un ego limité à qui il manque quelque chose. Tout nous renvoie à notre fragilité. Alors qu'en vérité nous n'avons ni début ni fin, tout ce qui constitue notre être ne nous appartient pas en propre. Nous sommes une concrétisation de l'énergie cosmique qui prend forme à un moment donné. Nous ne sommes jamais séparés, et c'est lorsque nous nous percevons comme séparés qu'apparaît le manque, la sensation de fragilité.

La souffrance est donc présente tout au long de notre vie ?

Que le Bouddha ait dit « la vie est souffrance » ne signifie pas que l'on souffre toujours. Mais la vie vécue uniquement au niveau de l'ego, dans l'ignorance de la véritable nature de notre esprit, est potentiellement cause de souffrance.

Tout l'enseignement du Bouddha consiste à nous faire découvrir, à travers la pratique de zazen, l'ampleur de cette méconnaissance, l'ampleur de nos désirs sans cesse renaissants. Bouddha nommait la souffrance *duhkha*, qui signifie que même le bonheur est souffrance, car il fait naître d'une manière subconsciente la peur de le perdre, la conscience de sa fragilité. Le véritable bonheur étant d'être au-delà de l'attachement au bonheur, accepter totalement l'impermanence qui est la réalité fondamentale de notre vie.

La pratique nous permettra de découvrir qu'il existe un état sans souffrance, c'est la troisième des Quatre Nobles Vérités. Cet état ne dépend pas d'une libération, après la mort, mais s'obtient ici et maintenant, à travers la pratique de la méditation, et pendant la vie quotidienne. Nous pouvons vivre cet état, en nous reliant à la réalité du monde, en vivant en unité avec les phénomènes de notre vie, et en abandonnant cet esprit qui crée sans cesse des limitations, des séparations. Cet esprit correspond, dans la science moderne, au cerveau gauche qui est le cerveau du langage, des concepts et de la dualité, cause des souffrances liées à la séparation.

La pratique de zazen permet d'expérimenter l'état résultant de la stimulation du cerveau droit. Dans cet état, il n'y a plus de conception, de séparation entre l'avant et l'après, moi et l'autre, moi et la nature. Il n'y a plus d'espoir par rapport au futur, plus de regrets par rapport au passé, il existe uniquement une manière d'être totalement en unité avec l'ici et maintenant. Cet état est au-delà de tout objet, de tout manque, de tout désir et de toute absence. Tout est là, pour peu que nous changions notre regard. Cette conscience est nommée dans le bouddhisme « l'esprit paisible du nirvana ». Elle signifie également que l'on accepte la douleur et les émotions telles qu'elles se présentent avec leur caractère inévitable.

Lors d'un événement douloureux, il y a une manière sage de l'accepter, par exemple si votre partenaire vous quitte pour une autre personne, vous pouvez vous dire : « Si elle est heureuse avec quelqu'un d'autre, tant mieux », et il peut exister alors un état d'amour inconditionnel quelle que soit l'attitude de l'autre par rapport à soi, mais une autre réaction est aussi possible, celle où on accepte simplement sa propre douleur, car c'est la réalité. Ainsi, nous acceptons la vie telle qu'elle se présente au travers de cet ego illusoire. La pratique permettra progressivement une dédramatisation de la souffrance et de ses causes et une diminution de l'attachement à celles-ci. Le risque encouru consistera alors à s'attacher au détachement, à considérer toute souffrance comme une erreur de notre part. Il faut aussi accepter de souffrir.

Par exemple, accepter d'éprouver de la tristesse. Bien sûr, elle est le signe d'une non-acceptation, d'un manque. On peut travailler sur le symptôme, aller à la racine de ce mal, la tristesse peut alors diminuer, mais il y a une manière plus simple et plus radicale de procéder, c'est d'accepter la tristesse telle qu'elle est, ici et maintenant.

Toutes ces données sont généralement assez bien intégrées sur le plan intellectuel, mais pourquoi certains parviennent-ils à les mettre en application, et d'autres, pourtant apprentis disciples de longue date, n'y parviennent-ils pas et restent-ils toujours ancrés dans leurs souffrances ?

Je pense que ces données sont plus ou moins bien intégrées suivant les périodes de notre vie, et surtout que l'inégalité résulte du poids de notre karma passé, véritable force d'inertie résultant des conditionnements hérités de nos comportements antérieurs. Il existe des personnes qui ont naturellement peu de désirs et d'autres qui ont une nature bouillonnante et possessive. Ensuite interviennent la manière dont nous pratiquons et le guide avec lequel nous pratiquons. Si nous nous exerçons mollement avec peu de conviction, d'une manière peu intense, ou si nous utilisons la pratique spirituelle comme une simple hygiène de vie, c'est-à-dire qu'elle résulte encore de l'avoir, avoir plus, plus de bien-être et de confort, nous pouvons alors pratiquer très longtemps, sans rien résoudre en profondeur.

Le désir d'éveil devra être extrêmement intense et il sera stimulé par la rencontre avec le maître. Pratiquer sans maître, c'est prendre le risque de laisser échapper ce désir ardent.

Il est possible d'observer que, lorsque nous choisissons une voie, notre vie change ; certaines personnes disent même qu'il existe alors plus de souffrance qu'avant. S'agit-il d'une purification ?

En réalité, lorsque nous commençons à pratiquer zazen, nous devenons beaucoup plus attentifs à ce qui se passe en nous, nos souffrances. Alors qu'habituellement, comme nous n'aimons pas souffrir, nous rejetons les causes de nos souffrances et nous occultons notre souffrance. Auparavant il existait une méconnaissance de nous-mêmes qui nous permettait de nous accommoder de situations boiteuses. Nous avions mis en place un système de défense qui nous maintenait dans une sorte d'équilibre précaire. La pratique amène une plus grande clairvoyance, une plus grande lucidité, qui fait ressortir les bonnes et les mauvaises choses. Tout ce qui était faux dans notre vie nous apparaît comme vraiment faux, insupportable. Cela nous permet d'abandonner certains types de comportements, certains choix qui ne paraissent plus cohérents avec la voie que nous suivons. Une remise en question s'opère.

Nous pouvons appeler cela l'effet de miroir. Zazen ne crée pas de karma, mais nous permet de voir notre karma, de voir où nous amène tel type d'action, tel choix, et de comprendre quel type d'effet peuvent avoir nos pensées, nos actions, nos paroles présentes. Nous pouvons alors penser que nous devenons pires qu'avant et que zazen ne nous convient pas, ou bien que tout allait bien et que soudain plus rien ne va. Une pratique de la voie où tout ce qui était négatif deviendrait positif et où tout deviendrait merveilleux serait une erreur, une volonté de ne pas voir, un processus d'ignorance de soi. Par exemple, lorsque nous avons une écharde dans la chair, l'enlever sera douloureux, nous pouvons aussi décider pour ne pas souffrir de ne pas l'enlever, car lorsque nous n'y touchons pas nous ne la sentons pas, mais elle est toujours là. Mais dès que nous aurons un contact avec cet endroit nous aurons mal. L'opération est douloureuse mais salutaire.

Que répondre à ces personnes qui ont pu réaliser un certain équilibre dans leur vie et qui prétendent en apparence ne pas souffrir, être parfaitement heureuses et ne pas avoir besoin de suivre un cheminement spirituel ?

Ces personnes se maintiennent dans un état de relatif bien-être mais sont en fait dans un équilibre fragile, car elles n'ont jamais été confrontées à la véritable condition humaine porteuse de souffrance. Inévitablement, à un moment ou à un autre, il y aura perte de ce qui constituait leur équilibre, alors tout l'échafaudage s'écroulera. Cette maxime : « Je suis heureux ici et maintenant, il ne me manque rien » est très provisoire. Si je suis lucide, je réalise qu'un jour il me faudra perdre, abandonner tout ce que je possède. Tout simplement réaliser qu'il va falloir mourir et que je ne pourrai rien emmener. La personne qui s'est empoignée avec sa souffrance, qui a cherché à en comprendre la cause, qui a suivi le fil pour remonter jusqu'à la racine, traversera sans doute des difficultés, mais reviendra à son équilibre, à la condition normale à laquelle ne pourra pas revenir celui qui n'est pas passé par ce cheminement.

C'est l'histoire du Bouddha qui est né beau, en bonne santé, dans une famille riche. Il avait une belle femme et un bel enfant. Tout allait bien. Puis, selon la légende, c'est au cours d'une sortie de son palais qu'il rencontra successivement un vieillard, un homme accablé de maladies, un cadavre et un ascète errant. Saisi par le caractère impermanent de la vie, il quitta sa famille et son palais pour commencer sa quête.

La souffrance constitue une occasion de vivre la révélation de la réalité de notre vie. La vie est inévitablement porteuse de souffrance. Ce qui permet l'évolution, c'est de ne pas fuir cette souffrance mais de la voir, de comprendre son message. Mais pour revenir à notre question, il n'est pas nécessaire d'obliger ces personnes à se remettre en question, la vie se charge de cela. La voie commence le jour où nous prenons conscience que le confort et le bien-être dans lequel nous nous trouvons est fragile, et où nous éprouvons le besoin de comprendre et de découvrir un état d'être moins dépendant.

Il existe une autre métaphore à ce sujet dans le *Sutra du Lotus*, celle de la maison en feu et des trois chars. Des enfants jouent dans une maison, ils sont heureux, tout va bien. Mais ils ne voient pas que la maison est en train de brûler. Une personne qui se trouve à l'extérieur de la maison voit que la vie des enfants est en danger. Elle essaie d'attirer leur attention en criant, mais les enfants ne regardent pas dans sa direction puisqu'ils ont tout ce qu'il leur faut, ils possèdent de nombreux jouets. Alors la personne montre aux enfants trois chars merveilleux. Les enfants sont séduits et accourent pour monter dans les chars. A ce moment, ils entrent dans la voie et voient en se retournant que la maison était en feu. La personne en question est le Bouddha qui séduit les enfants avec des jouets encore plus merveilleux pour leur permettre d'échapper à une condition fragile. Ainsi, lorsque nous donnons des conférences nous agissons de la même manière en vantant les mérites de zazen et en attirant l'attention sur l'impermanence et la fragilité du bonheur humain.

Comment se déroule cette transformation de l'ego dans la voie du bouddhisme zen et comment l'avez-vous vécue vous-même ?

Autrefois j'éprouvais une sorte d'angoisse existentielle par rapport à la nécessité de réussir ma vie, de m'affirmer, de laisser une trace, soit sous la forme d'une participation à une action politique, soit par la création d'une œuvre. Depuis que je pratique zazen, ma vie est beaucoup plus légère. Je ne me soucie plus de ce genre de problèmes. Il s'est produit une détente intérieure où je n'ai plus besoin de m'affirmer en tant qu'ego. Cela ne signifie pas que je n'aie plus d'ego. Je garde mes caractéristiques, mes désirs, mes passions. Mais je fais contribuer mes caractéristiques personnelles à ce que j'ai à faire et qui n'est pas personnel. Je ne me pose plus de questions existentielles sur le sens de ma vie et comment l'affirmer. Faire zazen avec les autres, vivre à partir de cette expérience et la communiquer aux autres est devenu le sens de ma vie. Je n'ai plus besoin d'y penser.

Il est évident que, lorsque nous pratiquons zazen, cette pratique devient de manière naturelle un miroir dans lequel nous nous regardons. Cela ne se réalise pas seulement durant la séance mais peu à peu ce miroir s'étend à la vie quotidienne, nous nous observons dans nos actions, nos pensées et notre ressenti. Puis naturellement un détachement se crée par rapport à ces actions et pensées, nous permettant de les voir de beaucoup plus près. La pratique peut nous montrer alors à quel point nous sommes parfois égoïstes. En même temps, le fait de voir nous permet de ne pas stagner sur des émotions liées à un attachement égoïste, et de tourner la page plus rapidement. Les impulsions égoïstes fonctionnent toujours mais nous y attachons beaucoup moins d'importance et elles sont très vite abandonnées.

Qu'en est-il alors de la morale ? Existe-t-il des préceptes éthiques, où la morale découle de la pratique ?

Nous pourrions penser que cette expérience du non-ego débouche sur un nihilisme sans valeurs morales. Au contraire, pour moi c'est le fondement de la véritable éthique. Ce n'est pas une éthique qui fonctionne par des interdits mais une éthique naturelle qui provient d'une impossibilité de continuer à agir égoïstement. La cause de tout mal est tranchée à la racine.

Nous devons tout de même reconnaître qu'il existe un autre niveau de réalité relevant du karma et du conditionnement, où nous pouvons être entraînés dans certaines actions si nous ne sommes pas vigilants. C'est pour cette raison qu'il existe également des préceptes éthiques dans le zen qui sont transmis durant l'ordination.

Mais n'y a-t-il jamais d'efforts à fournir lorsque nous voyons que nous sommes dans un comportement égoïste pour ne pas commettre certains actes ou ne pas avoir certaines pensées ?

Très souvent, le simple fait de voir permet de laisser passer ces pensées. Néanmoins, quelquefois il peut subsister des habitudes négatives, des actions et des pensées qui se répètent, et si nous ne décidons pas d'abandonner ce type d'action elles peuvent continuer à se produire pendant longtemps malgré la pratique. L'évolution n'est pas seulement inconsciente et naturelle, quelquefois il est nécessaire de prendre la décision d'arrêter ou de changer certains comportements. Pour prendre cette décision, il faut être motivé par la compassion car notre mauvais karma dérange les autres. Cette compassion et l'énergie pour changer nous sont données par zazen.

Par vos responsabilités, votre vie actuelle est consacrée aux autres, comment se manifeste encore chez vous la subsistance de votre ego ?

Il m'arrive d'être impatient ou bien jaloux, ou de mal supporter une critique, ou encore de ne pas vouloir être dérangé. Faire la liste des manifestations de mon ego serait vous raconter ma vie.

Par votre question vous présumez une séparation quasi définitive avec l'ego lorsqu'on pratique la voie. En réalité, l'abandon de l'ego est notre pratique de chaque instant. Mais à un moment donné, je me suis rendu compte que pendant des années je m'étais totalement concentré sur le zen, la sangha, et que j'avais besoin de repos pour mieux assumer ces responsabilités. J'ai alors pensé à la plongée sous-marine. J'ai fait l'expérience d'aller une semaine à la Guadeloupe et une semaine en mer Rouge. Au bout de quelques jours j'ai ressenti la vanité de ces vacances, j'étais heureux de revenir au dojo.

Mais quoi que je fasse, je retrouve toujours beaucoup de points communs avec zazen. Ainsi, dans la plongée sous-marine, la concentration sur l'expiration est fondamentale. En effet, l'anxiété invite naturellement à inspirer au lieu d'expirer et on s'essouffle plus vite. Il est également nécessaire d'être attentif à tout ce qui se passe pour prévenir les accidents, de rester groupés et d'être très concentré sur les autres autant que sur soi-même car ils ne sont pas à l'abri d'un oubli ou d'une erreur technique. Il existe une concentration, une attention dans l'instant et une attention aux autres, en même temps que la nécessité de faire confiance à ceux avec qui nous plongeons. De plus, il a été constaté que, dès qu'il y a trop de pensées ou d'émotions, la consommation d'oxygène augmente énormément.

Comment l'ego peut-il d'une part contribuer au développement spirituel et par ailleurs constituer un obstacle ?

Au départ c'est l'ego qui prend conscience de la souffrance, de la limitation d'une vie située au niveau de l'ego. C'est lui qui crée la prise de conscience et le désir d'aller au-delà. Puis il intervient dans la décision de pratiquer, dans la notion d'effort et de continuité. En fait, il est à l'origine du mouvement spirituel, religieux, puisque le développement spirituel consiste à connaître, à comprendre et ensuite à dépasser l'ego.

Au début du parcours spirituel, l'ego est nécessaire pour mobiliser une énergie, mais en dernier lieu la réalisation ne peut s'obtenir que sans volonté ni conscience personnelle. On ne peut pas lâcher prise consciemment et volontairement. Le lâcher-prise ne peut se produire que sans y penser. On ne peut pas prévoir, dire ou souhaiter : « Maintenant, je vais lâcher prise. » Il n'existe pas de technique, de secret conscient qui permette le lâcher-prise à un moment donné. Il s'agit simplement de devenir de plus en plus intime avec la posture du corps et la respiration jusqu'à ce qu'elles absorbent l'ego. Pour finir, il n'y a plus de dualité entre le pratiquant et la pratique, et c'est zazen qui permet d'aller au-delà. C'est pour cette raison que Maître Deshimaru n'a pas cessé de parler de zazen pendant quinze ans, même si parfois cela nous paraissait excessif. En réalité, son enseignement relevait d'une expérience très profonde et non d'un simple formalisme de la posture. Il ne peut pas y avoir de lâcher-prise sans une forte concentration sur la posture et la respiration.

En sachant que l'ego peut prendre de multiples formes durant l'évolution spirituelle, jusqu'à une sorte d' « ego spirituel », il semblerait qu'il n'y ait qu'un abandon total au maître qui puisse nous permettre de discerner les facettes de cet ego.

Oui... mais dans le bouddhisme zen il y a les deux. L'abandon au maître et l'abandon à la pratique. Maître Deshimaru nous renvoyait inlassablement au zazen, comme le vacher amène ses vaches à l'abreuvoir.

Je crois que l'« ego spirituel » est la fonction de l'ego de s'illusionner soi-même en croyant avoir atteint et réalisé un état spécial : « J'ai le satori... » Comme je l'ai déjà dit, une des feintes de l'ego c'est de croire qu'il a disparu. Pour l'illustrer, Sensei racontait souvent l'histoire de quatre moines qui faisaient zazen dans un temple de montagne.

Lors d'une sesshin de zazen silencieux, à un moment donné dans la nuit la bougie s'éteint. L'un des moines s'exclame : « Tiens, la bougie s'est éteinte ! » Et son voisin réplique : « Chut ! tu ne dois pas parler. » Ensuite, le troisième rétorque : « C'est vrai, on a décidé de faire une sesshin silencieuse et vous avez parlé. » Enfin, le quatrième, qui est aussi le chef du dojo, dit : « Arrêtez, vous êtes tous mauvais, moi seul n'ai pas parlé. »

On s'aveugle vite en croyant avoir compris. Il faut être très vigilant pour ne pas s'emparer de la pratique du zen comme d'un objet de gratification en pensant : « Je suis moine ou godo... » Le véritable Bouddha est celui qui voit son ego et qui le comprend. Selon mon expérience actuelle, croire que nous n'avons plus d'illusions, plus d'émotions et de passions, c'est de l'orgueil spirituel. C'est croire que le voleur n'est plus là alors qu'il est bien caché, et un des rôles fondamentaux du maître consiste à nous démasquer constamment dans cette croyance d'avoir dépassé et maîtrisé notre ego.

L'attitude juste consiste à avoir cette capacité de voir, de sourire de se voir toujours à mi-chemin dans la réalisation de la voie. A ce sujet, Maître Dogen employait une image : lorsque nous nous trouvons dans un bateau au milieu de l'océan et que nous regardons autour de nous, nous ne voyons qu'un vaste cercle d'eau, à ce moment nous pouvons croire que l'océan n'est formé que d'un cercle d'eau, ce qui serait une erreur puisque l'océan prend la forme de toutes les côtes, et si nous plongeons sous la surface nous pouvons découvrir un tout autre aspect de l'océan.

L'océan a de multiples aspects, comme la réalité. La réduire à des cercles ou à des carrés découle de la conscience de l'ego qui est limitée et réductrice. Elle réduit le réel à un concept. D'ailleurs, au XIXe siècle et au début du XXe siècle, on pensait que la science permettrait de percer toutes les énigmes de l'univers. Par la microphysique on pensait découvrir l'ultime brique sur laquelle repose tout l'univers, par l'astrophysique on croyait pouvoir comprendre le big bang, mais finalement les savants deviennent de plus en plus modestes. Le fait de s'apercevoir qu'en dernier lieu l'univers et nous-mêmes restons un mystère ramène certains scientifiques à un esprit religieux.

Notre compréhension est limitée, c'est cela que j'appelle être à mi-chemin. Il existe une fausse sagesse qui pense avoir tout compris, alors que la vraie sagesse permet de voir nos limites. C'est pourquoi le vrai sage n'est pas celui qui est uniquement du côté de la sagesse, mais celui qui pense que sa sagesse est limitée et que le mystère est infini, que le dharma est illimité. A ce moment-là il peut exister un lâcher-prise, et on peut s'oublier soi-même et cette prétention de vouloir tout comprendre.

Quelle est la relation entre l'ego et la souffrance ?

Être sans ego est impossible ! Il s'agit seulement de laisser l'ego à sa place, de ne pas y être attaché. Néanmoins, on peut dire qu'il existe deux cas de personnes sans ego qui ne souffrent pas. Les premiers sont dans des hôpitaux psychiatriques et délirent, ce sont les fous, et les seconds sont les saints. Le fou et le saint sont assez proches. Pourtant, je ne pense pas que le saint ou le sage soient sans ego, ils sont plutôt sans attachement à leur ego.

L'expression utilisée habituellement, « être sans ego », signifie en réalité « ne pas être attaché à l'ego » car sa réalité est sans substance fixe. Ce qui reste nécessaire, c'est la perception de l'ego dans le sens « je suis moi » et vous êtes « vous ». Être au-delà de l'ego ne signifie pas être dans un état fusionnel, de dissolution dans lequel on ne fait plus la différence entre soi et les autres, sinon on devient fou. « Je suis moi et tu es toi, je ne suis pas toi » : cette distinction est nécessaire, sinon on tombe dans la confusion.

Et si on dit : « Je ne suis pas un autre que toi » ?

Je peux percevoir que je ne suis pas seulement moi, je suis moi et tu es toi, mais je suis aussi toi et tu es aussi moi. Car nous avons les mêmes racines. Nous partageons la même réalité fondamentale. Nous sommes reliés par la même impermanence, et nous avons les mêmes causes de souffrance.

Plus je me rapproche de ma réalité, plus je comprends et plus je peux me rapprocher des autres. A ce moment, se développe l'empathie, la compassion. Au lieu de me retrouver enfermé dans un système illusoire et défensif, seulement moi coupé de l'autre, je suis capable de communier, de m'oublier moi-même, d'être disponible et ouvert.

Cette perception intuitive de ma réalité permettra que je ne reste pas seulement moi mais que je puisse faire abstraction de mon ego, de mes caractéristiques et de ma différence pour devenir unité et devenir toi. Cette capacité se développe avec la pratique de zazen. L'intimité avec moi-même permettra l'intimité avec les autres. Souvent lorsqu'on rejette les autres, c'est parce qu'ils nous renvoient à une réalité que l'on n'a pas voulu voir en soi. Plus nous sommes capables de nous observer et de voir l'ampleur de nos propres illusions, plus nous sommes aptes à les accepter chez l'autre.

Zazen nous montre aussi que tout cela est sans substance fixe, et cette ultime réalité, cette vacuité, nous la partageons avec tous les êtres de l'univers.

Quelle est l'origine de l'ego ? En voyant un enfant, on pourrait penser qu'il ne possède aucun ego. Il passe des rires aux larmes avec une extrême rapidité. Il est très spontané.

L'ego se constitue par le langage. C'est le sujet « je » de la première personne. Il est important que cet ego se constitue sinon le sujet encourt de graves problèmes psychiques tels les états psychotiques ou la schizophrénie. Il est vital de pouvoir se détacher de sa mère et de se reconnaître en tant qu'individualité. L'ego est une dimension à laquelle il est nécessaire d'accéder pour vivre comme un sujet humain. Nous devons d'abord accéder à notre individualité pour ensuite aller au-delà. L'ego n'est pas responsable de tous nos maux, l'ego est un passage nécessaire pour l'accession à l'individualité, à l'humanité.

Bien des maîtres spirituels ont même réclamé des ego bien constitués et forts pour leurs disciples.

Oui, je partage tout à fait cette idée. Un ego bien structuré est nécessaire pour pouvoir aller au-delà. Quelqu'un qui n'a pas constitué les bases de sa propre identité, de sa propre différenciation d'avec les autres sera trop fragile psychologiquement pour mener à bien la démarche qui permet d'aller au-delà de cet ego. L'état sans ego est une progression vers un état où, tout en gardant nos repères et notre personnalité, nous accédons à une dimension plus vaste. C'est pour cette raison que je dis que la folie et la sainteté sont proches l'une de l'autre, mais pas du tout identiques. Le psychotique a régressé dans un état antérieur à la constitution de son individualité, et le sage est dans une progression au-delà de l'ego dont il connaît les limites qu'il a acceptées et intégrées.

L'ego est à l'image de notre peau, il est nécessaire pour établir notre différence. Si elle est rigide, elle devient une cuirasse qui progressivement nous limite dans nos mouvements... En revanche, si la peau est fine et souple, elle respire et permet une meilleure relation entre l'intérieur et l'extérieur du corps. Mais si elle est trop fine, c'est l'hémorragie !

A entendre certains discours spirituels, nous avons l'impression qu'être un sage ou un saint est comparable à devenir un ectoplasme. C'est faux ! Les grands maîtres ont toujours eu de très fortes personnalités, jouissant d'importantes ressources, pour agir dans la vie de manière très libre.

Au niveau de l'enseignement du bouddhisme, quels sont les constituants de cet ego ?

Se demander quels sont les constituants de l'ego, c'est prendre conscience que l'ego n'existe pas en dehors de ces constituants. Si la question est bien formulée, c'est le satori. Il est un fait que nulle part nous ne pouvons trouver une entité « ego » mais par contre nous pouvons trouver un certain nombre de modes de fonctionnement qu'il nous est impossible de rapporter à une substance fixe, à un noyau. Ainsi, dans la théorie psychanalytique freudienne, on parle du conscient, du préconscient et de l'inconscient, ou bien encore du ça, du moi et du surmoi. Dans la nouvelle spiritualité, on parle du corps physique, émotionnel, mental, astral et spirituel. Quelle que soit la manière d'analyser l'ego, ce n'est qu'une somme de composants. Selon la tradition bouddhiste en général, l'ego est perçu comme la conjonction de cinq éléments que l'on nomme les agrégats. Il y a le corps avec tout ce qui est de l'ordre de la matière, les sensations, les perceptions. Ensuite, ce qui nous pousse à agir ou à réagir, l'activité mentale comportant l'état pulsionnel, le besoin. Et enfin la conscience. Mais cela n'est pas l'essentiel, ce qui est important c'est qu'il s'agit toujours d'un composé de plusieurs éléments eux-mêmes impermanents.

Si l'ego n'est qu'un ensemble de constituants, alors au-delà de ceux-ci il n'y a pas d'ego. Cela rejoint cet enseignement fondamental du Bouddha : « A la naissance ce n'est pas un ego qui naît, c'est simplement la réunion de cinq agrégats qui vont constituer cette réalité éphémère qu'on appelle un ego. » Donc, au moment de la mort, ce n'est pas l'ego qui meurt, c'est simplement la séparation de ces cinq éléments. Rien ne s'est créé, rien n'est perdu. C'est comme l'image de la vague et de l'océan. A un moment, il se crée une vague qui va se briser sur le rivage, mais l'océan n'a pas augmenté ni diminué pour autant.

Apprendre à se connaître, dans le zen, c'est découvrir que nous ne sommes en fait que la combinaison de ces différents éléments. Le Bouddha prenait également l'exemple du char : « Qu'est-ce qu'un char ? Est-ce que c'est les roues, l'essieu, ou encore les chevaux ? » Qu'est-ce que c'est ? En définitive, il n'existe pas de substance char !

A ce sujet, ne peut-on employer le terme de désidentification ?

Oui... Je ne peux pas m'identifier puisque ces agrégats, sans substance, sont impermanents. La totalité de ces éléments sans substance et impermanents ne peut constituer quelque chose de permanent et de substantiel. Mais « je » constitue tout de même une forme éphémère qui ne dure que ce que durent les roses. La rose a une existence réelle, ce n'est pas une tulipe, elle a sa forme, ses caractéristiques. Mais en réalité elle est constituée d'atomes et de particules élémentaires. L'univers entier est une danse des particules, un champ d'énergie ; c'est alors que la physique moderne rejoint l'intuition du Bouddha. Mais il ne s'agit pas d'avoir une compréhension intellectuelle et abstraite où on se dit qu'il n'y a pas d'ego ; ce serait dangereux. Même si nous sommes uniquement un assemblage de divers éléments, si je me cogne le pied contre une pierre, je souffre.

La vision profonde de « je ne suis que cela » contribue au détachement. Par ailleurs, elle ne doit pas constituer une vision pessimiste des choses, car ce « je ne suis rien que cela » m'amène à percevoir que je suis en même temps « tout ». Je ne suis pas limité, séparé et conditionné. En vérité, je suis tout. Mon propre corps et l'univers entier ne constituent qu'une seule et même chose...

Le bouddhisme n'est pas dogmatique, mais lorsqu'il nous arrive de parler d'hérésie c'est toujours en relation avec la tentation de réintroduire un ego dans une pensée spirituelle, une philosophie. La tentation a constamment existé dans le bouddhisme de revenir à un soi substantiel. Et on parle alors d'abandonner le petit ego pour revenir au véritable ego, au soi. On pose l'existence du soi, du vrai soi, on cherche à saisir quelque chose. Cela représente la source d'un nouveau dualisme. C'est en cela que le Bouddha s'est opposé aux penseurs indiens de son époque qui prônaient l'existence d'un soi existant derrière le monde de l'illusion. La notion de soi constitue pour le Bouddha la source de toutes les illusions, car si nous pensons qu'il existe une entité quelque part derrière les phénomènes illusoires, cela constitue une cause d'attachement, une dualité. Lorsque nous parlons du véritable soi, il s'agit en réalité du non-soi. La pratique quotidienne permet de se pénétrer de l'observation de la vacuité, de la non-existence fondamentale du soi substantiel, même si l'ego se manifeste de différentes manières. Cette vision facilitera le lâcher-prise et la libération. C'est de cela dont il est question dans le zen, atteindre une authentique liberté qui ne peut exister tant que subsiste l'attachement à une notion de soi ou de moi substantiel.

La transmission du zen depuis deux mille cinq cents ans consiste à nous faire comprendre qu'il n'y a rien à saisir, que cet esprit, ce moi est insaisissable.

Ainsi, l'on pense souvent que la vacuité ressemble au ciel bleu sur lequel passent les phénomènes. Or les phénomènes eux-mêmes sont vacuité. Bouddha et tous les patriarches ont enseigné aux hommes la vacuité pour les libérer de leurs attachements. Mais si vous vous attachez à la vacuité, vous ne pourrez jamais vous libérer.

IV

Zazen, l'art secret du zen

Vivre dans la vacuité n'est possible que grâce à un lâcher-prise longuement préparé par le zazen. Maître Deshimaru aimait à rappeler que « le zen, c'est zazen ». Zazen semble avant tout le fondement d'une voie aride et particulièrement dépouillée.

Elle n'est pas aride mais dépouillée, parce que nous n'utilisons pas de moyens de séduction. Dans la voie du zen, on vous montre directement la pratique de zazen dans laquelle on se dépouille de tout sans chercher à obtenir quoi que ce soit. S'il n'y a rien à rechercher, ce n'est pas par esprit de sacrifice, c'est simplement parce que tout est là dans la pratique.

Habituellement, nous manquons de confiance, d'intuition et de clairvoyance car nous sommes prisonniers de nos conditionnements. La réalité est déjà présente en nous mais par aveuglement elle nous échappe totalement. La réalisation de zazen, c'est comme une pierre précieuse que chacun possède mais dont on ne reconnaît pas la valeur. Nous ne pouvons la découvrir que si nous effectuons un demi-tour radical qui consiste à cesser de mendier auprès des autres ou à travers je ne sais quelle technique miraculeuse une illumination spéciale. Il importe avant tout de retrouver, ici et maintenant, l'unité avec sa propre vie.

La pratique de zazen ne requiert-elle pas une disponibilité physique et psychique particulière ? Est-elle permise à tout le monde ?

A tout le monde !

Elle réclame tout de même une motivation très forte ! Il est aussi très étonnant qu'une simple pratique physique ait de tels pouvoirs de transformation intérieure.

En soi, ce n'est pas une simple pratique physique, c'est une combinaison de trois éléments : posture, respiration et conscience. Ces éléments sont totalement interdépendants.

Le zen n'est pas une discipline facile. Elle implique une pratique quotidienne. C'est une posture qui réclame de la rigueur, du tonus et de l'énergie. Pour cela, il est nécessaire de fournir un effort constant, car la pratique est l'éveil, et l'éveil est la continuation de la pratique. Par conséquent, si nous ne voulons pas pratiquer régulièrement, ce n'est pas la peine de commencer. Il est inutile de se dire : « D'accord, je vais faire des efforts, mais seulement pendant deux ou trois ans à condition que j'obtienne le satori. » C'est un raisonnement absurde, car on pratique zazen jusqu'à sa mort !

Mais l'effort n'est-il pas une partie infime de la voie du zen car il est plus souvent question de lâcher-prise ?

Grâce à l'effort que nous fournissons, nous développons une pratique qui nous entraîne au-delà de tout effort, dans une dimension où le moi volontaire, l'ego, ne nous dirige plus. Nous accédons à une dimension plus vaste de la conscience, nous offrant plus d'énergie que celle que nous avons déployée pour pratiquer. Cela rejoint l'expression : « Aide-toi, le ciel t'aidera. » On peut transposer la formule en disant : « Aide-toi à pratiquer et le ciel, Bouddha, te viendra en aide. » Si vous donnez, vous recevez. C'est un peu à qui perd gagne. Bien sûr, le fait de se concentrer sur la posture nécessite un corps en bon état et il est vrai qu'une maladie invalidante rendrait la pratique difficile telle qu'elle est enseignée dans le dojo, c'est-à-dire les jambes croisées et le dos droit. Cependant, le véritable zazen ne se limite pas à la posture parfaite, car c'est avant tout pouvoir se concentrer sur son corps tel qu'il est. Prenons le cas d'un infirme sur une chaise roulante. Si celui-ci fait l'effort de se concentrer sur le corps en tâchant de se redresser afin d'étirer la colonne vertébrale, de se concentrer sur la respiration et de laisser passer les pensées, alors il pratique zazen.

Quel est le rôle de la respiration ? A première vue, il n'existe pas de techniques très compliquées comme celles effectuées dans le hatha-yoga.

Pendant zazen, le rôle de la respiration est fondamental. Maître Deshimaru nous rappelait que le Bouddha lui-même avait réalisé l'éveil grâce à la concentration sur la respiration, car c'est elle qui relie, qui unifie le corps et l'esprit. Avant tout, on ne peut pas forcer et obtenir d'une façon volontariste une bonne respiration. La respiration elle-même est l'effet d'une bonne posture, stable, grâce au bon appui des genoux sur le sol.

Il ne faut donc pas chercher à obtenir à tout prix une expiration longue, ni rester bloqué dans une respiration courte et saccadée. La seule chose à faire est d'observer attentivement sa respiration : bien détendre le diaphragme, le ventre, ne pas trop tendre les reins mais juste ce qu'il faut. Le seul fait d'observer votre respiration permettra de l'approfondir.

Pendant que j'observe ma respiration, cela m'évite de rester accroché à mes pensées. L'esprit devient souple, libre et toujours concentré ici et maintenant.

Il est alors inutile de regretter le passé et de craindre l'avenir. Si les causes d'anxiété se dissipent, nous pouvons pénétrer dans un monde paisible.

A vous entendre, il semble que cette posture assise soit la meilleure pour méditer ?

Il faut comprendre que, depuis des siècles, cette posture a été étudiée, pratiquée et transmise par les maîtres comme étant la plus stable et la plus équilibrée afin de permettre une longue concentration. Zazen est physiologiquement la posture assise la plus adéquate. Pour cela, il faut veiller à détendre le ventre, à bien pousser le sol avec les genoux et « le ciel avec la tête » afin d'étirer la colonne vertébrale. Nous pouvons alors sentir un relâchement des tensions musculaires, l'énergie descend vers le bas et permet un soulagement des tensions mentales ainsi qu'un apaisement des émotions au niveau du plexus solaire. Très rapidement, il se produit un retour au calme offrant une meilleure circulation de l'énergie dans le corps et une concentration plus aisée. Physiologiquement, en étirant la colonne vertébrale, on facilite la circulation de l'influx nerveux entre les centres du cerveau, le canal rachidien et les organes internes. Enfin, ce n'est pas une posture de méditation !

Ni de concentration !

Oui, j'ai parlé à l'instant de concentration, mais en fait le zazen n'a pas d'objet. Qui dit méditation dit objet. Être en zazen, c'est être totalement dans la posture !

Quelle est la part de l'ego dans une discipline spirituelle comme le zazen ?

Pour prendre une décision, on a besoin de faire un effort, mais il ne constitue que cinquante pour cent du chemin à parcourir. Au début, la pratique est volontaire. Nous utilisons l'ego mais nous ne pouvons l'abandonner et aller au-delà par la seule force de notre volonté. Durant zazen, si nous avons une pratique trop volontariste, inévitablement nous restons dans la dualité. Le vrai zazen, c'est quand il ne subsiste plus que la posture et que c'est elle qui nous dirige. Il n'y a plus d'effort volontaire à accomplir. C'est zazen qui fait zazen ! Nous rejoignons alors la véritable dimension spirituelle, c'est-à-dire le cheminement grâce à l'ego jusqu'au point où ce n'est plus lui qui dirige, mais une conscience non dualiste. C'est un état d'être dont on ne peut être conscient puisqu'il n'y a personne pour le penser. C'est parfois difficile à comprendre pour celui qui n'a pas fait cette expérience ! Par exemple, si vous dites : « Ça y est, je suis dans le vrai zazen, maintenant j'ai la conscience hishiryo, j'ai lâché prise », à l'instant même où vous le pensez, où vous vous en emparez, vous le perdez. Ainsi, dans le zen il s'agit toujours d'aller au-delà. C'est très simple à dire et plus difficile à réaliser. A chaque expiration, vous lâchez encore et encore.

Il existe deux aspects dans l'ego. Jusqu'à présent nous avons parlé de l'ego en tant qu'illusion du moi limité devenant source d'attachement, de méconnaissance de notre réalité. Mais il existe dans le zen un autre aspect, il s'agit de la volonté consciente, de l'effort, et on parle alors de « pratique avec ego », le contraire de la pratique inconsciente et involontaire. Car si nous n'investissons pas tout notre effort dans notre pratique, si nous ne venons pas régulièrement au dojo, si nous ne portons pas toute notre attention consciente sur la posture, nous ne pouvons tout simplement pas prendre la posture et donc nous ne pouvons pas pratiquer. Ainsi, au début de la pratique une forte détermination est nécessaire, puis il faut abandonner cet aspect.

Par exemple, si nous passons toute la durée du zazen à nous dire : il faut rentrer le menton, il faut se concentrer sur l'expiration, et si nous voulons consciemment laisser passer nos pensées, nous nous trouvons dans une pratique qui reste limitée à notre volonté consciente et aucun lâcher-prise ne peut s'opérer. Nous restons dans la dualité. L'aspect volontaire est tout à fait nécessaire au départ et il ne faut pas le négliger. Mais au cours de la pratique arrive un moment où, grâce à cet effort conscient, la posture devient suffisamment forte pour que le corps pratique en quelque sorte de lui-même, sans que l'on ait besoin d'y penser. De la même manière au niveau de la respiration, au début on se concentre sur l'expiration mais si l'effort subsiste d'une manière trop volontaire, il crée une sorte de tension faisant obstacle au lâcher-prise. Comme si on désirait allumer un feu en frottant deux silex l'un contre l'autre. Au départ, il est nécessaire de développer beaucoup d'énergie pour provoquer l'étincelle mais lorsque l'étincelle a jailli, que le feu a démarré il n'est plus nécessaire de frotter les deux silex. Il existe donc un moment où la posture et la respiration deviennent suffisamment fortes pour avoir une sorte de dynamisme autonome. On peut dire que le zazen continue de lui-même sans que l'on ait besoin d'intervenir consciemment par l'effort. La pratique devient alors inconsciente et naturelle.

Beaucoup de personnes commettent à ce sujet des erreurs d'interprétation en entendant parler du point ultime de la pratique qui est inconsciente, naturelle, automatique, en oubliant que pour accéder à cet état il est nécessaire d'avoir d'abord réalisé un effort conscient. Comme dans toutes les grandes voies spirituelles, l'essentiel du zazen consiste à abandonner l'ego, mais on ne peut y parvenir grâce à sa volonté. On ne peut jamais décider du moment favorable. Tant qu'il existe ce désir de vouloir abandonner quelque chose, c'est toujours l'ego qui s'exprime.

Ce n'est donc pas consciemment mais naturellement que ce problème se résout dans le zen. C'est-à-dire au moment où la pratique physique devient suffisamment forte pour entraîner le processus de lâcher-prise sans intervention consciente. Ce n'est plus moi qui fais zazen mais « moi, mon ego suit zazen ». Il y a d'abord l'ego qui s'exprime par la posture puis il est pris, tiré, transporté, bouleversé, transformé et abandonné par zazen. L'ego devient plus faible que zazen.

Ensuite il existe des allers-retours, c'est-à-dire des moments où zazen faiblit et l'ego reprend le dessus, les pensées reprennent leur puissance. A ce stade, nous sommes obligés de faire un nouvel effort et zazen nous entraîne encore. Il y a donc un aller-retour entre la pratique avec ego et la pratique sans ego. De même, il existe toujours une fluctuation entre les pensées qui apparaissent et qui disparaissent, l'état conscient et l'état non conscient. Finalement, tout cela fait partie de la pratique. Il est fondamental de ne demeurer sur rien et de ne pas s'attacher à un état sans ego. Il s'agit d'aller constamment au-delà de toute fixation, de tout état figé.

On dit bien souvent du zen qu'il s'agit d'une philosophie de la non-pensée. A première vue cela semble impossible car l'homme pense tout le temps. En Occident, il existe une fierté légendaire à penser.

C'est vrai, on parle beaucoup de la non-pensée et on dit beaucoup d'inepties sur ce sujet. La non-pensée, c'est l'électroencéphalogramme plat. C'est la mort ! Dans le zen, ce que l'on appelle la non-pensée, c'est en réalité laisser surgir la pensée, la laisser passer et ne demeurer sur rien. Cela consiste à laisser tomber un certain mode de fonctionnement de la pensée consciente et volontaire en cessant de ruminer des pensées, d'échafauder des projets ou en cessant les projections et les raisonnements.

Pourtant vous pouvez dire : « Je dois acheter un billet de train car demain je me rends à Blois. » Il s'agit bien là d'une pensée.

C'est justement ce mode de pensée qui est abandonné en zazen. En effet, dans la vie quotidienne, il y a des moments où la pensée consciente et volontaire est nécessaire. Quand je dois penser, je pense mais sans rester obsédé par une pensée. Je classe et je passe à autre chose, sans rumination mentale. Mais, dans la vie, nous ne sommes pas toujours face à un choix décisif. Alors il n'est pas nécessaire de penser constamment. En zazen, ce qui est merveilleux, c'est de pouvoir s'offrir un espace dans lequel nous ne sommes pas obligés de penser consciemment, nous n'avons pas de problèmes à résoudre.

D'ailleurs, il arrive assez fréquemment qu'en zazen nous trouvions mystérieusement la réponse à une question que nous nous posions ou à un choix que nous avions à faire. Au-delà des hésitations, c'est devenu une évidence ! Si nous persistons à réfléchir consciemment, la question reste sans réponse. Je crois qu'en cessant la pensée consciente, on libère des circuits neuronaux, des circuits de pensée qui sont habituellement court-circuités par un cerveau gauche omnipotent, qui contrôle tout. Notre cerveau est conditionné par un certain mode de fonctionnement. Lors de l'assise immobile, tout ce processus est abandonné. Cette pratique permet alors une plus grande créativité.

Malgré tout, peut-on alors affirmer qu'il s'agit d'une pratique de concentration ?

Il s'agit de concentration et d'observation. Concentration signifie mettre toute son attention sur un point particulier. Par exemple, dans la pratique de zazen, sur le corps et sur le souffle de telle sorte que le mental ne nous entraîne pas dans toutes sortes de directions au-delà de notre activité ici et maintenant. A partir de cette concentration, les pensées se calment, se décantent et il se manifeste alors une conscience plus claire, plus vigilante. C'est comme un lac dont la surface a été agitée par le vent. Lorsque le vent tombe, les vagues se calment progressivement et le lac devient vraiment transparent, c'est-à-dire que la surface est si limpide que l'on peut voir jusqu'au fond. En même temps, la surface du lac reflète le cosmos, le ciel tout entier. La conscience en zazen devient comme cette surface calme et claire permettant de plonger à l'intérieur, d'observer le fond de soi-même, son subconscient, sans être emporté, perturbé par les émotions qui remontent, c'est la position de témoin, de miroir. Il existe aussi une grande disponibilité à toutes les perceptions qui viennent de l'extérieur. C'est-à-dire qu'à partir de la concentration, la conscience devient vraiment observante d'une manière objective, sans jugement, sans répression et sans peur. Ce qui peut empêcher l'observation de soi-même ce sont des éléments qui ont été réprimés dans l'inconscient et qui génèrent la peur. C'est l'ego en tant que système de pensée dualiste, qui trie et affirme : « Ceci est bien, cela est mal. » C'est toujours l'ego qui rejette, apprécie et masque la véritable lucidité. Lors de la concentration, cette forme d'ego qui juge est abandonnée et toute l'agitation du mental est calmée par la concentration sur la posture et sur la respiration afin que l'observation puisse se faire aisément. A ce niveau, nous pouvons alors observer l'ego en profondeur, c'est-à-dire, examiner toutes les manifestations du karma non manifesté avec les émotions réprimées qui remontent, les fantasmes, les désirs, les rêves, les regrets et toutes nos motivations, à savoir tout ce qui forme notre subconscient. Il est bien connu que dans la vie quotidienne celui-ci nous dirige à notre insu. Depuis Freud on sait bien qu'on ne choisit pas véritablement où l'on va : on est mené par des éléments inconscients ou subconscients. En zazen, tous ces facteurs de conditionnement, tout ce karma passé peuvent apparaître, et une purification s'opère alors par l'observation sans jugement. Cette prise de conscience permet d'accepter, d'intégrer ces éléments et de ne pas s'y attacher.

C'est un point très important, il s'agit de laisser passer ce qui est vu. Contrairement à une psychothérapie où on essaye de remonter des chaînes associatives, il s'agit juste de voir : « C'est ça », seulement ça. Ainsi, lorsqu'une émotion ou un désir réprimé apparaît, on sourit.

Dans la pratique du zen, la compréhension est une compréhension immédiate, simplement intuitive. Il s'agit d'une intuition au sens propre du terme signifiant « voir ». Voir ce qui apparaît donne une compréhension, mais on ne réfléchit pas, on n'essaye pas de comprendre, d'associer. On garde une attention vigilante ; si des associations se font, des fantasmes apparaissent, on les accueille mais ce travail ne se fait pas consciemment, ce n'est pas une recherche. Ce processus permet tout de même l'émergence de tout le karma non manifesté et constitue un grand nettoyage.

La pratique de zazen peut-elle entraîner certaines modifications psychophysiologiques ?

Des études ont été effectuées dans des laboratoires au Japon et en Europe. On a pu observer un passage d'ondes bêta (qui sont les ondes habituelles de la pensée consciente) en ondes alpha, qui sont longues et régulières, et traduisent un état de vigilance et de calme. Lors d'électroencéphalogrammes effectués sur deux groupes d'individus, pratiquants et non-pratiquants du zen, on a observé que dans le premier cas, si on provoque un stress violent, par un coup de pistolet à blanc, la personne va percevoir le bruit et se mettre à fonctionner en ondes bêta en manifestant une perturbation profonde. Mais il y a très rapidement un retour au calme et au rythme alpha antérieur. Pour le second groupe d'individus, qui ne pratiquent pas zazen, si on provoque le même stress, la personne va être perturbée beaucoup plus longtemps.

Autrement dit, zazen procure un état de détente et de vigilance mais aussi une grande capacité à revenir à une condition normale, même si la personne a été perturbée. Cela ne signifie pas qu'un pratiquant du zazen soit insensible au stress, mais il sera plus apte à voir l'événement comme tel et à laisser passer l'émotion. Par contre, chez un non-pratiquant, l'émotion liée au stress va s'accumuler avec les autres émotions, et ce processus peut alors durer très longtemps.

J'ajoute que si l'on répète l'expérience, on constate que le non-pratiquant va s'habituer et deviendra insensible au bruit ; il n'aura plus la même intensité de perception. Chez le pratiquant, le niveau de perception reste le même. Il n'y a pas de phénomène d'accoutumance.

C'est très important car cela explique que la pratique du zen ne crée pas un état d'insensibilité, mais par contre la réceptivité devient plus fine et plus vive. Cet aspect contredit l'image habituelle du sage en qui l'on voit trop souvent un homme de marbre, insensible aux événements de la vie. Bien au contraire, chez lui il n'y a aucun phénomène d'accoutumance. Il vit chaque phénomène comme un instant et un événement nouveaux. C'est parce que son esprit ne stagne sur rien qu'il a toujours la même disponibilité.

C'est-à-dire que, d'instant en instant, le sage ou un pratiquant ayant acquis de la maturité parvient à s'harmoniser avec aisance aux phénomènes heureux ou malheureux qui se présentent à lui.

La spiritualité telle que je la comprends, c'est avant tout se connaître et s'harmoniser avec la vie de chaque instant. Ce n'est pas fabriquer un nouvel idéal, mais au contraire se rapprocher de la racine de la vie. La vacuité est cette racine. Nous en reparlerons mais, à cet égard, il y a beaucoup de confusion. Beaucoup de gens ne parviennent pas à comprendre que la vacuité ce n'est pas le vide au sens du néant. C'est pour cette raison qu'il peut exister un malentendu important. Lorsque certaines personnes affirment que le bouddhisme est une forme de fascination pour le néant… Ce propos est le reflet d'une incompréhension totale ! Bien au contraire, le bouddhisme nous rapproche de la réalité de notre vie en faisant cesser le délire autour des concepts spirituels.

Dans le zen, comment se déroule la pratique dans la vie quotidienne ?

La pratique consiste en un travail d'observation et de concentration, c'est le même processus qu'en zazen. Nous développons un état de vigilance, de concentration sur ce que nous sommes en train de faire, nous nous investissons totalement dans chaque action.

Il existe un deuxième aspect important de cette concentration dans l'action. Il s'agit d'être en même temps vigilant et attentif à ce qui surgit de l'intérieur. Nous ne sommes pas seulement tournés vers la tâche que nous accomplissons, il existe en même temps une transparence par rapport à nous-mêmes, une observation des mouvements de notre humeur, de nos émotions. Par exemple, lorsque nous éprouvons une émotion d'impatience, de colère, de jalousie, ou un désir, nous le voyons immédiatement par un effet de miroir.

Cette faculté du mental de ne pas se laisser entraîner dans l'émotion ne peut se réaliser que si nous sommes capables de nous centrer immédiatement dans le *hara,* c'est-à-dire dans le ventre, et non plus au niveau du plexus solaire, du cœur ou du mental. Ce recentrage de l'énergie se fait par l'expiration dans le bas-ventre comme dans la pratique de zazen.

Réaliser cette position de témoin nécessite un certain contrôle de soi.

Je me méfie beaucoup du terme contrôle, car il est vrai que la pratique de zazen pourrait être utilisée en tant que contrôle, mais s'il y en a trop il n'est plus possible de laisser émerger ce qui se trouve dans notre profondeur et il peut alors se produire une sorte de répression inconsciente. En vérité, il ne s'agit absolument pas de contrôler ou de réprimer, mais de voir ce qui est avec un esprit vaste, sans jugement. Contrôler comporte une connotation répressive et implique le jugement.

Bien souvent, nous ne nous autorisons pas à avoir une émotion, un désir car nous pensons et jugeons que sous prétexte de spiritualité nous ne devons pas en avoir. L'esprit de zazen, ce n'est pas du tout cela. C'est voir que « c'est simplement cela », car il n'existe ni bon ni mauvais, ni bien ni mal, c'est juste cela, un phénomène qui se manifeste. Une émotion n'est pas plus mauvaise qu'une fleur qui s'ouvre.

Nous percevons la réalité au-delà de tout jugement. Alors effectivement, ce regard de Bouddha, cet esprit vaste qui ne porte pas de jugement, qui accueille tout, produit une détente intérieure, une purification, une dédramatisation. Petit à petit, nous aurons tendance à être de moins en moins pris et envahis par l'émotion. Mais entendons-nous bien, ce résultat ne peut pas être le produit d'un contrôle. C'est une vision et une acceptation.

Il ne s'agit ni de suivre ni de rejeter.

Cela constitue l'attitude fondamentale du zazen, selon la consigne qui nous est donnée durant la pratique : « Ne suivez pas vos pensées, ne les rejetez pas, ne vous attachez pas aux phénomènes et encore moins à la vacuité, ne vous attachez pas aux désirs ni à vouloir les trancher. »

Beaucoup peuvent effectivement commettre cette erreur d'interprétation par rapport aux émotions et aux désirs.

C'est pour cela que, lorsque nous pratiquons la voie du zen, il est important de pratiquer dans un dojo, dans la sangha, et de recevoir l'enseignement d'un moine expérimenté. C'est cela le rôle du maître, il permet justement d'éviter les écueils, les erreurs d'interprétation et les erreurs de pratique. Il est vrai que lorsque nous lisons un livre, nous pouvons le mettre en pratique seul en pensant l'avoir compris. Nous pouvons ainsi pratiquer seul pendant des années et nous trouver dans une attitude de contrôle rigide ou au contraire dans une attitude d'autosatisfaction, d'autocomplaisance, de laisser-aller où plus aucun travail de transformation ne peut s'effectuer, où on stagne dans ses émotions.

En conclusion, on peut dire que pratiquer zazen c'est, comme le disait Maître Dogen, « étudier l'ego », l'ego étant à la fois le sujet et l'objet de la pratique. On pratique avec son ego. Sans ego il n'y a pas de pratique. L'ego est indispensable pour pouvoir ensuite aller au-delà, c'est-à-dire pratiquer sans ego, sans conscience personnelle. D'autre part, l'ego est aussi l'objet de la pratique. Nous étudions le karma non manifesté, ses besoins, ses désirs, ses buts, ses conditionnements, ses obstacles... toute la vie pulsionnelle et émotionnelle. Nous avons une conscience de plus en plus intime qui nous permettra de l'intégrer et de nous en affranchir, de voir qu'en réalité, il n'y a pas d'ego mais seulement une combinaison d'énergies, de conditionnements, de phénomènes, qui sont constamment interdépendants avec le reste de l'univers ; rien n'est fixe et tout cela va se dissoudre au moment de la mort. Cette observation aboutit à se démettre de l'attachement à une fausse notion de l'ego qui serait un petit ego, fixe, permanent, etc.

Comment décrire ce que l'on pourrait appeler la pratique externe ?

La pratique externe est décrite en tant que pratique de bodhisattva. Elle comprend les six *paramita*, c'est-à-dire les six comportements, les six voies qui permettent d'aller au-delà de ses propres bonno — causes de souffrance et d'illusions.

Ces paramita sont : le don, les préceptes, la patience, l'effort, la concentration et la sagesse. Ces paramita constituent les pratiques externes en dehors du dojo. Elles sont indissociables de la pratique de bodhisattva et actualisent l'esprit de zazen dans la vie quotidienne. Le don, dans la vie quotidienne, signifie une vie non égoïste, ne pas garder pour soi-même ce que l'on a reçu.

Donner, ce n'est pas seulement donner de l'argent, cela peut-être un sourire, une parole, un enseignement, un encouragement, son temps ou simplement une écoute — il existe de multiples formes de don. Donner, cela peut aussi consister à renoncer à quelque chose, c'est l'attitude mushotoku dans la vie quotidienne. Par exemple, on désire cueillir une fleur et finalement on ne la cueille pas. C'est un cadeau que nous faisons à cette fleur et aux personnes qui passeront derrière nous et qui pourront l'admirer. Cela signifie aussi respecter la nature, l'autonomie des autres, ne pas les aliéner, les exploiter. C'est une attitude d'unité avec tous les êtres vivants qui ne permettra plus que nous soyons possessifs. Le don inclut tout cela. Ce n'est pas seulement prendre une pièce de monnaie dans sa poche et la donner à un mendiant. Cela inclut ne pas être avide, ne pas accaparer pour soi, ne pas prendre, c'est l'antidote du désir, dans le sens de la cupidité, du désir égoïste. Par exemple, faire *samu* ici à la Gendronnière, c'est donner six heures de son temps, de son énergie au temple.

La pratique ne signifie pas pratiquer pour soi-même, pour apprendre à se concentrer, pour obtenir le satori. Maître Deshimaru nous disait qu'une des formes du don consistait à être heureux, car en fait ce que nous sommes représente le meilleur don que nous puissions faire aux autres. Par conséquent, lorsque nous pratiquons cela constitue un don pour les autres. Être dans une voie de transformation, une voie spirituelle, ce n'est pas quelque chose que nous pratiquons pour nous-mêmes, car au travers de cette voie se produit une transformation qui devient un bienfait pour les autres. On peut donc dire que zazen est un don.

Ensuite, il y a dix préceptes fondamentaux. L'éthique est très importante dans le zen, et il est capital d'en parler à l'époque actuelle, car une des grandes crises du XXe siècle, c'est cette crise du nihilisme dont parlait le philosophe allemand Nietzsche, c'est-à-dire la perte du fondement de toutes les valeurs morales. Pour une grande majorité de personnes, il n'existe plus de croyance en un Dieu transcendant dont la révélation servirait de base pour déterminer ce qui est bien et ce qui est mal, et qui servirait de support aux valeurs de l'existence.

Ainsi, lorsqu'il s'agit de transmettre un sens éthique à des enfants, on ne leur transmet en réalité qu'une forme de conformisme à une loi sociale. Il devient urgent de retrouver et de transmettre un fondement immanent aux valeurs éthiques.

Prenons les préceptes les uns après les autres.

Tout d'abord, ne pas tuer, c'est réaliser que tuer un être vivant quel qu'il soit, c'est comme se tuer soi-même. Nous partons de la conscience de notre unité avec tout être vivant. Ce n'est pas un interdit qui vient d'en haut, il n'est simplement plus possible de tuer. La véritable éthique du zen n'est pas constituée d'interdictions : « Vous ne devez pas faire ceci ou cela parce que c'est mal. » La notion de bien et de mal n'existe pas. L'éthique découle de l'évolution de notre conscience, ainsi ce que nous appelons habituellement le mal — cause de souffrance pour les autres et pour moi-même — n'est plus possible. Notre comportement rejoindra alors notre véritable nature et ne nous permettra plus d'agir de telle sorte. Ne pas tuer c'est aussi ne pas être agressif, ne pas faire souffrir. Mais c'est aussi ne pas tuer en soi cette dimension de la vie de Bouddha. Une vie purement matérialiste, attachée au confort, au succès et à l'avoir, est une forme de meurtre de notre véritable nature, qui signifie ne pas laisser naître cette vie véritable qui ne demande qu'à éclore comme les feuilles au printemps. C'est étouffer dans l'œuf une dimension de notre vie qui donne sa plénitude à la vie humaine.

Ce précepte s'applique-t-il aussi au plan de la nourriture, êtes-vous strictement végétarien ?

Il n'est pas prescrit d'être végétarien mais je le suis devenu progressivement. Bien sûr, l'homme ne peut se nourrir que de matières vivantes, mais par compassion pour les animaux qui sont élevés dans des conditions lamentables pour la boucherie, j'ai décidé de devenir totalement végétarien. Je ne souhaite pas entretenir un système que je réprouve. De plus, sur le plan de la superficie de la terre cultivée, il est en réalité possible de nourrir une population six fois plus nombreuse par les céréales. Le végétarisme pourrait contribuer à résoudre le problème de la faim dans le monde.

Ne pas voler, c'est évidemment ne pas prendre ce qui ne nous appartient pas en propre mais c'est aussi réaliser à partir de l'éveil de zazen que rien ne nous appartient en propre, même pas notre corps, car les éléments qui nous constituent proviennent du cosmos. Même le sujet possessif, l'ego ne nous appartient pas : il n'est que poussière et retournera en poussière, rien ne peut nous appartenir en propre. Ne pas voler va plus loin que le simple fait de ne pas prendre quelque chose à quelqu'un d'autre. C'est réaliser que rien ne peut être volé car rien ne peut nous appartenir définitivement. On développe ainsi une attitude de non-accaparement. C'est un précepte qui se transforme en une attitude positive de don, de générosité et de moindre attachement. L'évolution dans ce sens se réalise de manière inconsciente et naturelle à travers la pratique. Il ne s'agit pas de se dire du jour au lendemain : maintenant je ne possède plus rien, je vais pratiquer la pauvreté, le dénuement intégral. Il s'agit simplement d'avoir moins tendance à exploiter les autres, à vouloir accaparer, garder pour soi...

Ne pas mentir, c'est évidemment ne pas mentir aux autres, mais la base de ce précepte, c'est surtout de ne pas se mentir à soi-même. On rejoint alors la pratique de zazen, ne pas mentir signifie en réalité devenir transparent à soi-même, et par conséquent s'accepter. Ne pas se mentir, c'est se voir tel que l'on est sans s'illusionner et ne pas illusionner les autres. Il s'agit aussi de ne pas se faire valoir aux yeux d'autrui, en se montrant masqué, en arborant un personnage qui n'est pas authentique. C'est aller vers une vie plus vraie en développant l'attention, l'observation, la lucidité et l'humilité par rapport à soi-même. Ne pas s'intoxiquer l'esprit.

En ce qui concerne la sexualité, traditionnellement, du temps du Bouddha, il existait deux règles différentes pour les moines et les laïcs. Pour les premiers, c'était l'abstinence comme dans tous les ordres monastiques. Pour les seconds, la mauvaise sexualité était l'adultère car il est générateur de mauvais karma — comme chacun peut en faire l'expérience. La règle d'abstinence a changé au Japon depuis un siècle puisque les moines peuvent se marier. Le précepte de ne pas avoir de mauvaise sexualité reste vrai à l'heure actuelle, et il faut essayer de le comprendre dans toute son ampleur. Dans le cas de l'adultère, nous savons parfaitement bien que tromper notre partenaire conduit inévitablement à la souffrance, même si nous pensons ne pas être jaloux et possessifs, respectueux de la liberté d'autrui. Je pense en fait qu'il s'agit du bonno suprême car le désir sexuel est tellement lié à la vie qu'il est très difficile à contrôler. A ce sujet, une histoire raconte qu'une vieille dame avait construit un petit ermitage dans son jardin pour un moine qui avait fait vœu de chasteté. Ce moine pratiquait depuis dix ans et un jour elle voulut le tester pour savoir le degré d'accomplissement de son ascèse. Elle a fait venir une jeune courtisane à qui elle a demandé de le séduire. Après sa déclaration, il lui a répondu qu'il n'était qu'un amas de cendres froides et que sa séduction n'avait aucun effet sur lui. La courtisane fit part de la réponse du moine à la vieille dame et celle-ci répondit : « Quelle espèce de crétin, quand je pense que j'ai passé dix ans à nourrir un idiot pareil ! » et elle mit le feu à l'ermitage. La conclusion de l'histoire reste ouverte. Qu'aurait-il dû faire ? Le moine n'était pas obligé de céder à la courtisane, il aurait pu répondre « plus tard » ou l'aider à résoudre son karma de courtisane. Le moine, en se protégeant de son désir sexuel, n'a pas vu qu'il avait en face de lui un être humain qui était potentiellement un bouddha et qu'il aurait pu utiliser cette rencontre pour aider la courtisane au lieu de la rejeter comme une putain. Un maître aurait saisi l'occasion d'éduquer la courtisane. Ce moine était seulement attaché à sa chasteté et était devenu un être sans compassion.

La sexualité n'est donc pas incompatible avec la pratique de zazen.

Non, pas du tout, elle est complètement acceptée. Être moine zen n'exclut pas la vie sexuelle. Il n'est pas question de chasteté mais d'accomplissement de la sexualité. Comme toute chose de la vie, c'est aussi une pratique de la voie. Il n'y a pas d'un côté la voie spirituelle et de l'autre la voie charnelle avec des activités humaines ordinaires. Simplement pendant les périodes intensives de méditation (sesshin), il est important de concentrer toute son énergie sur la pratique de l'assise immobile (environ six heures par jour). Pendant ces périodes, il est prescrit de ne pas avoir de rapports sexuels. Il est préférable de dormir la nuit afin de se reposer pour pouvoir se concentrer le lendemain. D'autre part, si vous vous abstenez de rapports sexuels durant une sesshin, cette énergie sexuelle sera totalement renouvelée et purifiée. Maître Deshimaru constatait, comme nous tous, que les personnes qui pratiquent zazen ont une forte énergie sexuelle. Le zazen va dans le sens d'une libération de l'énergie sexuelle parce qu'il permet de retrouver une meilleure condition d'être. La sexualité, c'est l'expression de l'être profond éloignée d'une sexualité bestiale. Le zen est une école de contrôle de soi et de patience qui s'applique merveilleusement à la sexualité et implique une relation complète avec le partenaire. Par zazen, l'homme développe une capacité d'attente, de patience et de non-égoïsme. Si, durant le rapport, il se concentre sur l'expiration et laisse passer les fantasmes érotiques, il retardera son éjaculation, ce qui ne peut qu'être favorable au plaisir de la femme. Alors que quelqu'un qui se croit très puissant sexuellement parce qu'il est très excitable risque d'avoir une sensibilité à fleur de peau, mal contrôlée, qui ne sera pas épanouissante pour sa partenaire.

Mais la sexualité n'est pas seulement un besoin physiologique, c'est un sentiment. Il existe alors une dimension qui se développe par la pratique — la sympathie pour l'autre, qui ira dans le sens d'un amour véritable, c'est-à-dire d'un amour moins égoïste. Car bien souvent la sexualité n'est que l'expression de l'amour égoïste le plus farouche où chacun est enfermé sur lui-même, en quête de sa propre satisfaction. La pratique de zazen, je le répète, permet de développer un sens plus profond de la perception et du respect de l'autre qui finalement fera de la relation érotique une pratique de la voie, une action spirituelle permettant de s'oublier soi-même afin de s'harmoniser et de communier avec autrui. Au niveau de la vie sexuelle et amoureuse, je pense qu'il faut être très attentif à l'autre et ne pas créer de souffrances par son égoïsme. Je suis de plus en plus attentif au karma de l'amour, c'est-à-dire aux conséquences d'une liaison amoureuse. Nous ne devons pas nous engager sans vigilance et sans être capables de dépasser peu à peu notre égoïsme. S'il existe un lien profond entre deux êtres, il est de nature spirituelle pour ceux qui le vivent.

Vous avez déclaré un jour qu'il est difficile de vivre une relation de couple quand les deux partenaires ne sont pas engagés sur le même chemin spirituel. Confirmez-vous ce propos ?

La voie du zen représente un engagement total et exigeant. Aller au dojo même une fois par semaine devient le fil conducteur de toute une vie. Progressivement, la pratique influe sur la façon de voir les choses et devient une expérience essentielle. Si elle ne peut pas être partagée avec son partenaire, la relation peut devenir difficile, mais ce n'est pas toujours le cas. C'est aussi pratiquer la tolérance et l'acceptation de l'autre tel qu'il est dans sa différence.

Et puis certains couples qui pratiquent ensemble sur le même chemin peuvent être amenés à se séparer...

Bien sûr ! Je crois qu'il ne suffit pas de partager la voie pour rester ensemble, il faut aussi partager les mêmes illusions, ou au moins certaines...

Revenons aux dix préceptes.

Oui, c'est aussi ne pas s'intoxiquer l'esprit aussi bien avec des drogues qu'avec l'alcool.

Il semble pourtant que l'alcool soit présent lors des sesshin. Mal renseignés, certains affirment même que l'alcool coule à flot.

A flot ? Non, pas vraiment ! Si certaines personnes abusent c'est leur problème, mais cela ne fait pas partie de l'enseignement du zen. On peut dire qu'à l'endroit où nous sommes, boire fait partie de la fête et de la convivialité, permettant de se détendre à la fin d'une sesshin qui a été un peu dure. Mais il n'est pas recommandé de s'enivrer et de créer des troubles. Il est vrai qu'à partir du moment où il y a quatre cents personnes et qu'un bar fonctionne, il y aura quatre-vingt-quinze pour cent de personnes raisonnables, qui boiront ce qu'il faut pour être gais, mais il suffit qu'il y ait un ou deux ivrognes pour que cela fasse beaucoup de bruit et dérange tout le monde. Ce sont des exceptions, et en aucun cas la règle. Ce n'est pas parce que deux personnes enfreignent la règle que le zen préconise l'ivresse.

Dans le même ordre d'idées, Maître Deshimaru a été sévèrement critiqué au sujet de son goût prononcé pour le whisky.

Il a été critiqué parce que les personnes désiraient le critiquer, et prétextaient alors des choses grossières sans connaître la réalité. Maître Deshimaru offrait du whisky à ses invités, à ses disciples, dans certaines circonstances, lorsqu'il désirait créer une atmosphère permettant de faire tomber les masques et les barrières. Je n'ai jamais vu Sensei sous l'emprise de l'alcool agir de façon inconsidérée. Il n'était jamais ivre. Le précepte de ne pas s'intoxiquer l'esprit est un précepte qui n'interdit pas l'alcool.

Quant aux drogues, Maître Deshimaru était beaucoup plus sévère, et l'attitude permissive qu'il avait à l'égard de l'alcool lui a permis d'aider des toxicomanes à voir la spiritualité sous un jour plus souriant. Je connais beaucoup de personnes qui sont sorties de l'enfer de la drogue grâce à l'aide de Maître Deshimaru.

Mais il soulignait surtout le fait que nous pouvons nous intoxiquer l'esprit avec toutes sortes de pensées ou de croyances ésotériques fallacieuses. Pour lui, certaines formes de croyances religieuses pouvaient constituer des intoxications éternelles. Il s'agit d'expérimenter par soi-même et de ne pas se contenter de suivre aveuglément des croyances invérifiables. Le Bouddha disait : « Ne croyez pas en mon enseignement, mais expérimentez et croyez à ce que vous aurez pu en vivre par vous-mêmes. » Ces paroles constituent exactement le précepte de ne pas s'intoxiquer l'esprit. Cela consiste également à ne pas être abusé par les autres : ainsi, nous pouvons même nous intoxiquer l'esprit avec la notion de satori. Car en réalité si quelqu'un fait miroiter cet état comme une carotte à atteindre, l'attente du satori en tant qu'illumination peut devenir une drogue.

Dans certains enseignements, des personnes pourront paraître complètement droguées, « à côté de leurs pompes », car elles sont continuellement plongées dans leurs koans. Elles ont tellement voulu faire abstraction de l'esprit logique, de l'ego et de l'esprit intellectuel qu'elles sont au bord de la psychose. Je dirais aussi que les personnes qui s'obnubilent l'esprit à longueur de journée avec un mantra introduisent dans leur esprit une pensée étrangère. C'est encore une forme d'intoxication.

Toute forme d'attachement peut constituer une intoxication, ce qui n'est pas naturel peut devenir une forme d'attachement, comme par exemple un attachement obsessionnel à un rite. Le vrai sens du bouddhisme, c'est de libérer l'être humain, et ne pas le plonger dans un nouveau système de rites ou de croyances, qui peut-être le sécuriseront provisoirement. Il s'agit véritablement de libérer l'homme de tout système qui est une forme d'intoxication de l'esprit. Si l'on prend l'exemple de l'idéologie marxiste, on a pu voir à quel point elle constituait une forme gigantesque d'intoxication de l'esprit. On peut aussi parler des médias qui nous abusent. Nous croyons trop souvent à quelque chose parce que nous l'avons vu à la télé, ou lu dans la presse.

Tous ces développements vous montrent comment un précepte simple, qui apparemment ne vise que l'alcool et la drogue, prend une ampleur considérable à travers la pratique de zazen et peut constituer en lui-même une voie. Il en est de même pour tous les préceptes que nous avons vus précédemment : ne pas tuer, ne pas voler ou ne pas mentir.

Si nous approfondissons ces préceptes à travers la pratique de zazen, nous nous apercevons qu'un seul de ces préceptes inclut tous les autres et toutes les pratiques. Souvent, nous avons tendance à critiquer à juste titre le moralisme représentatif d'un esprit étroit et limité. A l'opposé, l'éthique du zen permet de voir véritablement la racine de ce qui constitue les valeurs authentiques.

Ensuite, il existe d'autres préceptes sur lesquels je passerai un peu plus rapidement, mais on pourrait leur appliquer le même traitement.

Ne pas s'enorgueillir, c'est-à-dire ne pas se placer au-dessus des autres, ne pas se différencier des autres, ne pas être imbu de soi-même. Ce sentiment de supériorité peut être lié au pouvoir et à la position sociale, mais il existe aussi une supériorité d'ordre spirituel. C'est-à-dire se croire arrivé à un niveau de réalisation qui nous différencie des gens ordinaires, nous place au-dessus du commun, en tant que Bouddha, maître réalisé. Alors que la véritable réalisation, c'est voir que fondamentalement il n'existe pas de différence entre l'homme ordinaire et l'homme réalisé. Ce précepte est encore très profond.

Ne pas être avare, ce précepte rejoint celui de ne pas voler, le don, etc.

Ne pas se mettre en colère. C'est un précepte

important bien qu'il supporte des accommodements. Si la colère est utilisée pour frapper l'esprit, corriger une erreur, éduquer, et dans la mesure où elle est contrôlée, elle devient alors un instrument d'éducation, comme un coup de kyosaku qui n'est pas de l'agressivité. S'il y a une émotion de colère, comme par exemple celle de voir un disciple ou un condisciple commettre une erreur nuisible à sa propre évolution et porter atteinte à la bonne atmosphère de la sangha, au lieu de la laisser passer, je vais l'utiliser. Je fais venir la personne en question et lui montre son erreur de manière ferme. La personne repart peut-être en tremblant, mais peut ainsi évoluer. Alors qu'une attitude plus laxiste, qui consiste à se dire : « Laissons passer, il faut être compatissant, on va lui parler gentiment », ne permet pas à cette personne de prendre conscience de son erreur. Elle peut repartir satisfaite en se disant : « Je les ai bien eus, je vais pouvoir continuer. » Je crois qu'il est important d'impressionner dans l'éducation, et la colère est nécessaire, que ce soit dans l'éducation des enfants ou dans le cheminement spirituel.

Ne pas critiquer les trois trésors, c'est-à-dire préserver les trois trésors de l'enseignement du Bouddha : le Bouddha, le zazen et son enseignement, et la sangha. Par exemple, ne pas introduire de malaise ou de discorde, de division dans la sangha. Ne pas déranger le zazen, ne pas nuire à la pratique de zazen, etc. C'est préserver l'enseignement du Bouddha. C'est le dernier des préceptes.

Ensuite, il y a la patience, c'est une pratique très importante, que je trouve personnellement très difficile car je suis d'un naturel impatient. Je me pose souvent cette question : qu'est-ce que l'impatience ? Il est vrai que l'impatience peut être justifiée de manière positive par un désir de faire avancer les choses, de progresser. On peut s'impatienter par rapport à des résistances, des freins, des obstacles sur le chemin. Mais souvent l'impatience est quelque chose de tout à fait égoïste. Par exemple lorsque nous ne supportons pas d'attendre car nous estimons que notre temps est plus important que celui des autres. Donc, l'impatience est une manifestation de l'ego. Quelquefois nous pouvons être très patients face à l'inévitable mais par contre si quelqu'un passe devant nous alors que nous faisons la queue dans un grand magasin, nous ne le supportons pas. Moi-même, lorsque je me trouve dans cette position d'impatience, j'essaie de m'observer et de me moquer de moi. Pratiquer cette paramita de l'abandon de l'impatience signifie en fait pratiquer l'abandon de l'ego. Le fait d'être patient peut même éviter énormément d'accidents, des guerres ou des conflits graves. Un jour, Maître Deshimaru raconta l'histoire d'un roi qui était très impatient et qui voyait bien que son impatience représentait un danger dans sa manière de gouverner. Il a alors demandé à son serviteur de lui chercher un remède, un enseignement. Son serviteur visita beaucoup de sages, de maîtres, et il finit par trouver un moine prétendant détenir un mantra efficace mais très onéreux. Malgré le coût élevé, le roi accepta de payer. Le moine donna alors ce mantra extrêmement simple au serviteur : « Attendez. » Surpris, le serviteur se révolta devant la simplicité de la formule et dit au sage qu'il n'oserait jamais la confier au roi. Finalement, il rentra chez lui après une longue absence et vit à travers les stores de sa chambre la silhouette de sa femme se profiler à côté de celle d'un homme. Il entra dans une grande fureur et sortit son sabre pour tuer le coupable. A cet instant, il se souvint du mantra « attendez ». Il posa son sabre, entra dans la maison et vit qu'il s'agissait en réalité du père de sa femme.

Une bonne manière de pratiquer la patience est de se concentrer sur l'expiration et de laisser passer les impulsions. Pendant la pratique, on travaille souvent sur la patience lorsqu'on a mal parce que la pratique dure trop longtemps. C'est à ce moment difficile que la pratique de la patience devient vraiment un abandon de l'ego et une source de progrès.

Ensuite, il y a la paramita de l'effort ou de l'énergie, nous voyons combien il est important pour pratiquer d'avoir de la constance. Cela inclut aussi d'avoir l'esprit de décision. C'est-à-dire quand une chose est décidée, on la met en pratique et on ne revient pas en arrière, c'est le contraire de l'hésitation. La concentration consiste à investir totalement son attention dans chaque action sans essayer d'accomplir plusieurs choses à la fois. Dans la pratique, la méthode est identique et la concentration se fait sur la posture, la respiration, comme sur chaque pas en *kin hin.*

La paramita de la sagesse, c'est essentiellement se connaître soi-même et agir en harmonie avec cette connaissance, évitant ainsi de faire fausse route. Cela rejoint en fait une sagesse tout à fait pratique. Mais c'est un domaine tellement vaste que nous en reparlerons à d'autres occasions.

Ces pratiques que vous appelez externes ne sont pas séparées de la pratique de zazen. Elles en sont l'expression naturelle dans la vie quotidienne. Ce ne sont pas des règles morales que l'on doit s'efforcer de suivre, mais la matérialisation, l'expression dans l'action de l'état d'esprit de zazen. Il existe en fait une unité entre les deux, ce que l'on vit dans la vie quotidienne revient dans zazen à travers les pensées, les émotions, les souvenirs, tous les phénomènes qui peuvent surgir à l'esprit.

Même si, pendant zazen, on ne pense pas consciemment à la vie quotidienne, le zazen l'influence et réciproquement. Cela se vérifie parfaitement dans le cadre d'une sesshin où nous faisons quatre zazen par jour ; il y a un va-et-vient constant entre la pratique du samu (travail manuel), la vie collective avec les autres et zazen. A ce moment, il n'y a plus de séparation entre la pratique externe et interne, mais une pratique globale que l'on appelle la pratique de *gyoji.* C'est une pratique continue, qui ne s'arrête pas, sans cloisonnements entre le spirituel et le matériel, le quotidien et la méditation. L'approfondissement de la pratique permet la disparition des séparations. Le propre de l'esprit du zen, c'est la spiritualité au quotidien. Contrairement à certaines démarches spirituelles où la spiritualité est placée sur un sommet par rapport aux eaux troubles du quotidien et de la vie phénoménale. Le zen utilise chaque élément de la vie courante, même le plus humble, comme occasion de pratique. Le matériel et le spirituel ne doivent pas être séparés. Il est important d'introduire une vision spirituelle dans la manière de traiter les choses matérielles et, lorsqu'on pratique une voie spirituelle, il ne faut pas oublier le corps, le matériel. A l'opposé, notre société moderne est totalement dualiste, matérialiste dans la gestion de la société, et elle cantonne la spiritualité dans un domaine séparé.

Dans le cadre de la pratique de zazen, le rituel est-il indispensable ?

Le rituel n'est absolument pas indispensable. Ce qui l'est, par contre, c'est que dans un dojo (le lieu où est pratiqué le zazen) nous puissions créer une atmosphère d'attention, de concentration sur le corps dès notre entrée dans ce lieu. Il est important alors qu'existent des règles suffisamment strictes et qu'elles soient respectées par tous. Avant même de rentrer dans le dojo, nous devons ranger correctement nos chaussures, et marcher en silence de manière concentrée. Nous entrons du pied gauche et saluons en gassho (mains jointes à hauteur du visage) en signe de respect du lieu où nous pratiquons et des autres pratiquants. En joignant la main droite et la main gauche (le matériel et le spirituel), c'est aussi un geste d'unité intérieure avec soi-même. Ensuite, nous disposons notre zafu en l'alignant par rapport à celui des autres, nous ne le posons pas n'importe où, comme si nous étions seuls. Nous ne le poussons pas non plus avec le pied car nous respectons le siège de la méditation. L'attention aux gestes est une pratique en elle-même.

Tous ces gestes favorisent la concentration et lorsque nous nous asseyons, nous sommes déjà concentrés. S'il n'existait pas de règles, nous pratiquerions n'importe comment en nous dérangeant mutuellement.

Au-delà de cet aspect, il existe également un rituel qui se déroule à la fin du zazen. Il est extrêmement simple et dépouillé par rapport aux rituels traditionnels japonais, c'est le chant de l'*Hannya Shingyo* et les vœux de bodhisattva.

Pourquoi a-t-on maintenu ce chant en vieux chinois en Occident ?

Tout simplement parce qu'à la fin du zazen, il est pénible de se lever directement et de sortir sans aucune transition. Cette étape de transition du chant ne dure pas très longtemps, et le chant est en soi une expression du zazen puisqu'il se fait dans un approfondissement de la respiration et une concentration sur l'expiration. C'est un travail collectif d'écoute, d'harmonisation respiratoire et vocale avec les autres. La signification du chant en lui-même est l'expression de la plus haute sagesse, de la plus haute compassion, et résume en quelques phases l'enseignement de la pratique. On le chante en vieux chinois, car la vibration du chant est plus profonde. Maître Deshimaru dans les tout premiers temps ne faisait aucun rituel, et c'est finalement ses disciples qui, l'ayant entendu chanter l'*Hannya Shingyo,* ont eu également envie de le chanter avec lui. J'ai pu faire une expérience similaire en allant donner une initiation au zazen dans des groupes de yoga. La première fois je n'ai pas emmené les feuillets de l'*Hannya Shingyo* et nous terminions le zazen sans rituel. Mais, très vite, les personnes m'ont dit que c'était gênant de sortir trop rapidement du zazen. A partir de ce moment, j'ai introduit le chant et les personnes étaient très satisfaites malgré le fait qu'elles n'adhèrent pas au bouddhisme.

L'autel est là pour marquer le centre dans le dojo, et permettre d'organiser la pratique et la circulation des personnes par rapport à ce centre. D'autre part, cet autel est utilisé pour y poser le kyosaku. On y trouve également une statuette de Bouddha et un pot à encens. La statuette n'est pas là pour indiquer une nouvelle divinité à laquelle nous allons rendre un culte, mais elle symbolise la pratique de zazen ; lorsque nous saluons la statuette, nous saluons la pratique de zazen, la posture assise. En réalité, ce qui est important dans le dojo, ce sont les bouddhas vivants qui sont présents en chacun de nous.

Et l'habit ?

Il est pratique. Si vous venez dans un dojo habillé avec un pantalon ou une jupe étroite, vous verrez que vous ne serez pas à l'aise pour vous asseoir en zazen. Un kimono permet de croiser les jambes, d'avoir l'amplitude pour respirer, pour ne pas être serré. Il est de couleur noire, car la couleur noire est unique. Elle crée une uniformité dans le dojo permettant de ne pas gêner le regard. S'il existait de nombreuses couleurs, comme le rouge par exemple, cela pourrait favoriser l'excitation. L'habit n'est pas imposé, on demande simplement de mettre une tenue sombre et ample, mais progressivement les personnes se rendent compte que le kimono est plus pratique.

Pourquoi le ***kusen*** *pendant la pratique ? Il semble parfois venir briser le silence dans lequel il est si difficile de s'établir.*

Dans l'enseignement du zazen, rien n'est obligatoire, tout est possible. Le kusen n'a pas toujours existé. Maître Deshimaru au début pratiquait zazen en silence et faisait ensuite une petite conférence. Puis il a modifié cette pratique, car zazen en silence trop longtemps favorise la torpeur (qui n'est pas positive), donc le kusen est là pour stimuler et pour éviter que les personnes ne se fassent à elles-mêmes leur propre kusen, leur propre enseignement. Inévitablement, dans le silence, nous finissons par nous faire un discours intérieur. Ainsi, lorsque le godo intervient, cela permet de montrer un tout autre aspect de la pratique auquel nous n'avions pas songé. Ce qui est également important, c'est que nous recevons cet enseignement pendant notre pratique. L'enseignement qui est donné provient lui-même de la pratique, il n'est pas issu de l'intellect. Bien souvent, il est improvisé et issu de l'ambiance du dojo ; c'est un art ! Le fait que nous recevions cet enseignement pendant le zazen permet également une attitude d'écoute qui n'est pas intellectuelle ; à ce moment peut se dérouler l'enseignement « de mon âme à ton âme ». Cela constitue une boucle, c'est une parole qui émerge du zazen. Elle touche quelqu'un dans l'esprit de zazen et renvoie au zazen, car le kusen ne doit pas vous faire sortir du zazen, et vous plonger dans l'abîme des réflexions intellectuelles. Il doit au contraire vous toucher au plus profond de votre pratique, ou plutôt vous traverser.

Si nous faisons une conférence après la pratique, souvent la conférence a tendance à devenir intellectuelle, car les personnes ne sont plus en zazen. Le risque est de tomber dans un discours qui n'a plus rien à voir avec l'enseignement véritable.

Souvent les kusen sont inspirés par des textes issus de la tradition, pourquoi ne sont-ils pas actualisés et plus proches de nous ?

Pour ma part, il m'arrive souvent de prononcer des kusen totalement inspirés par la vie quotidienne. Mais on ne peut pas toujours procéder ainsi, car on se limite et on finit par tourner en rond. Il est nécessaire de pouvoir se servir de toutes sortes d'éléments différents, afin d'obtenir un enseignement varié. Je pense que la meilleure méthode consiste à passer constamment de l'un à l'autre. Par exemple éclairer la vie quotidienne de la Gendronnière par l'enseignement des grands maîtres du passé, et actualiser l'enseignement des maîtres par l'enseignement de la vie de la Gendronnière. Il existe alors un fonctionnement en miroir, une interpénétration des deux possibilités. C'est dans ces conditions que nous pouvons vivre ce que disait Maître Deshimaru : « Il faut créer à partir de la tradition. » A partir de la tradition, nous éclairons notre vie et nous pouvons comprendre l'enseignement à partir de notre vie quotidienne.

La pratique quotidienne est-elle indispensable ?

Je pense qu'il est bon d'en arriver à une pratique quotidienne. Mais lorsque nous sommes débutants il est rare que nous ressentions rapidement ce besoin. Dans ce cas, plutôt que de s'efforcer à avoir une pratique quotidienne que nous ne ressentons pas, nous nous donnons modestement mais d'une façon réaliste, la règle de pratiquer régulièrement, une ou deux fois par semaine. Lorsque j'ai commencé, malgré ma grande motivation, je ne pratiquais que deux fois par semaine au dojo, puis j'ai rajouté une troisième, puis une quatrième pratique.

Évidemment, pratiquer chaque jour constitue l'idéal car il n'existe plus alors de séparation entre la vie quotidienne et la pratique qui pénètre totalement la vie. Lorsque nous sommes débutants, la régularité est importante, mais il est surtout indispensable que la pratique ne dépende pas de la vie quotidienne, mais que la vie quotidienne dépende de la pratique. C'est une question de rapport entre les deux.

Cela signifie, par exemple, si vous avez décidé de faire zazen tous les mardis soir et tous les vendredis matin, eh bien le mardi, même s'il y a un match de football à la télévision, essayez tout de même de tenir votre engagement.

Il s'agit de ne pas déranger le gyoji — pratique constante au sens de pratique régulière — qui devient le gouvernail de la vie. Le zazen ne bouge pas, c'est la vie quotidienne qui pivote autour de lui.

Dans ce cas, cette pratique peut être très forte même si elle n'a lieu que deux fois par semaine. Par contre, si vous pratiquez beaucoup zazen mais en changeant vos horaires en fonction de ce qui vous arrange, cette pratique devient alors moins forte. Elle doit avoir lieu à heures fixes et régulièrement pendant la semaine. La durée peut même être réduite si vous pratiquez seul chez vous.

Ce n'est pas la longueur du zazen qui est importante.

Non, il est clair que c'est la qualité du zazen qui compte, mais cette qualité dépend tout de même un peu de la durée. Si vous ne pratiquez que dix minutes, il est peu probable que vous trouviez le calme et la concentration immédiate. Il vaut mieux dépasser le cap des dix premières minutes et pratiquer au moins vingt minutes. A l'image des vagues qui se poursuivent lorsque le vent s'est calmé, quand l'agitation de la vie quotidienne s'est arrêtée et que l'on est assis en zazen tranquillement, l'esprit continue parfois à s'agiter pendant un moment. Ce n'est qu'au bout de cinq à dix minutes que nous pouvons trouver la concentration nécessaire et c'est alors dommage de s'arrêter à ce moment.

Il est donc possible de pratiquer seul ?

Oui, on peut pratiquer seul, justement afin d'avoir une pratique régulière, quotidienne et dans le cas où votre vie familiale et sociale ne vous permet pas d'aller dans un dojo tous les jours. Mais il faut se donner comme objectif d'aller dans un dojo pratiquer avec les autres et recevoir l'enseignement au minimum une ou deux fois par semaine, de manière à ne pas s'enfermer dans une pratique en solitaire. On ne doit pas chercher à pratiquer seul, on pratique seul lorsqu'on ne peut pas faire autrement.

Quels sont les inconvénients de la pratique en solitaire ?

Tout d'abord, personne ne peut corriger votre posture. Vous pouvez alors pratiquer avec une posture erronée et accentuer les déformations, car la posture sert de miroir donc de révélateur des déséquilibres, des distorsions, des tensions. Nul ne peut voir son dos. D'autre part, on ne peut pas recevoir le kyosaku, donc dans les états d'agitation ou de somnolence personne ne peut vous permettre de retrouver l'équilibre et la tension juste de zazen. Par ailleurs, spécialement pour les débutants, il peut se produire toute sorte de phénomènes illusoires que l'on nomme *makyo.* Les personnes prennent alors ces manifestations pour une forme d'illumination, s'y attachent et cherchent à reproduire quelque chose qui est en fait anormal.

Par exemple ?

Imaginons quelqu'un qui voit une grande lumière blanche ou bien qui a l'impression de léviter. Il existe ainsi toute sorte de sensations corporelles ou psychiques. Tous ces phénomènes sont de l'ordre du subconscient, ou d'ordre purement sensoriel. Ainsi, fixer un point durant zazen avec une trop grande tension dans les yeux, au lieu d'avoir le regard simplement posé devant soi, peut provoquer des phénomènes optiques de scintillement, ou de lumière blanche. De nombreuses personnes, dont l'intégrité n'est d'ailleurs pas à mettre en doute, vont stagner en s'efforçant de reproduire ces conditions spéciales de l'esprit d'une séance sur l'autre, alors que l'enseignement de tous les maîtres zen ou des godo permettra de laisser passer ces phénomènes, au même titre que les émotions et les pensées, et de ne pas s'y attacher. Ils permettront même au contraire de trouver un équilibre dans la posture et dans la respiration pour éviter que cela ne se reproduise.

D'une part, lorsque nous sommes seuls, nous avons tendance à accorder de l'importance à ces phénomènes ou même à en avoir peur et à arrêter zazen, car il peut arriver également que ces manifestations soient angoissantes, alors qu'il aurait suffi dans le dojo d'entendre la voix du godo dire :

« Rentrez le menton » ou de sentir le kyosakuman qui passe derrière vous et qui vous donne un coup de kyosaku ; ou tout simplement, du fait d'être avec les autres, on se sent rassuré et on ne s'attache pas à ce que l'on vit. Il est possible également à la sortie du zazen ou à un mondo de poser la question à un godo et de comprendre son erreur.

D'autre part, la pratique en solitaire peut devenir totalement égoïste, la finalité de la pratique deviendra la pratique pour soi-même, en ayant le sentiment que si nous pratiquons avec les autres, ils vont nous déranger. Je connais des personnes dans ce cas. C'est totalement méconnaître la dimension altruiste de la pratique ; nous ne pratiquons pas seulement pour nous, nous pratiquons pour les autres, avec les autres, et le fait d'être dans un dojo signifie justement donner de son temps, de son énergie, de sa présence en participant à la pratique des autres. Cela contribue à créer une atmosphère forte qui aide les autres à pratiquer. Ce don fait partie de la pratique, c'est l'une des paramita, faire zazen au dojo, c'est faire don de sa présence. Zazen, c'est donner et c'est aussi recevoir la présence des autres, leur énergie, leur enseignement, même s'il est muet. La pratique en solitaire n'est pas recommandée lorsque c'est une pratique volontairement solitaire dans l'esprit de s'isoler ou de ne pas faire l'effort de venir au dojo. Maintenant, si vous habitez à Paris loin du dojo ou dans une ville de province où il n'y en a pas et que vous ne pouvez aller dans un dojo qui se trouve loin qu'une fois par semaine, quand vous avez le temps, le samedi ou le dimanche, ce serait dommage de se priver d'une pratique quotidienne. On peut pratiquer chez soi tous les jours et venir une fois par semaine au dojo. J'ai vu aussi beaucoup d'orgueil spirituel et de dogmatisme se développer par la pratique en solitaire. Mais le danger est surtout grand pour les débutants qui n'ont aucune idée de la pratique juste et peuvent s'enfermer dès le départ dans des attitudes erronées du corps, de l'esprit ou de la respiration. Par contre, si nous avons longuement pratiqué avec un maître, nous avons eu l'occasion d'avoir de nombreuses corrections de notre posture, d'explications sur les illusions dans lesquelles il ne faut pas stagner durant zazen, et nous nous rappelons inconsciemment et naturellement l'enseignement de notre maître. Nous pouvons alors nous corriger nous-mêmes plus facilement lorsque nous avons dix, quinze ou vingt ans d'expérience que lorsque nous sommes débutants.

V

L'éveil

Existe-t-il une évolution, une progression dans la pratique qui puisse nous conduire jusqu'au but ultime qui est appelé dans le bouddhisme zen satori, et pourriez-vous nous faire partager votre expérience à ce sujet ?

Lorsque j'ai pratiqué zazen pour la première fois au temple d'Antai-ji, je ne savais rien du zen et du satori mais j'ai eu un grand choc à l'occasion de ce premier zazen. Tous mes doutes au sujet de ma vie se sont évanouis en un instant. Je ressentis qu'en étant simplement assis dans cette posture je n'éprouvais plus aucun manque. Ma joie était très grande et, sous le coup de cette émotion, je faillis tomber à la renverse. J'étais vraiment heureux car après ce long voyage j'avais enfin trouvé mon village natal. Désormais, il m'était inutile de continuer à errer autour du monde, je pouvais rentrer chez moi le cœur libre.

A mon retour en France, j'entendis Maître Deshimaru enseigner que « zazen lui-même est satori » et je me sentis totalement en accord avec ses paroles qui correspondaient à mon expérience. Mais bien que réelle, du moins je le crois, celle-ci ne résolut pas tout. Je continuais à éprouver toute sorte de désirs et de contradictions dans ma vie avec cependant au fond de moi-même un sentiment de paix et de liberté. C'est comme si j'avais entrevu une autre réalité, un autre versant de la vie, mais que je continue à vivre de ce côté-ci. Alors, cela me rendit un peu nostalgique d'un état qui serait constamment dans la conscience hishiryo de zazen. Sans doute un nouvel attachement !

La question que vous posez me paraît être : comment harmoniser davantage ma manière de ressentir et d'agir dans la vie quotidienne avec l'état d'esprit de zazen. Mais comme cet esprit est insaisissable, cela ne peut se faire qu'inconsciemment et naturellement. Il est d'autant plus difficile de mesurer les progrès accomplis que tout est impermanent et jamais acquis définitivement. De plus, zazen accroît notre lucidité et nous fait découvrir toujours plus l'ampleur de nos illusions, ce qui incite plutôt à l'humilité quant aux éventuels progrès. Cependant, je ne ressens plus jamais le doute et le désespoir que j'éprouvais avant de commencer zazen. Cela est en soi très précieux.

Plus le temps passe, plus je mesure concrètement dans le quotidien qu'il existe un va-et-vient constant entre réaliser véritablement l'enseignement et retomber dans le monde des illusions. J'ai l'impression que les deux modalités ne peuvent pas être séparées, que l'on ne peut que contempler son illusion, s'en détacher, puis être rattrapé et vivre à nouveau avec, ainsi de suite. Je ne pense pas que l'on puisse basculer définitivement du côté du positif, du vrai, de l'éveil, du satori. On ne peut que cheminer avec le satori que l'on possède d'une certaine manière depuis toujours, puisque c'est notre réalité la plus profonde dont nous ne sommes jamais séparés, ce n'est pas quelque chose qui existe au-delà, dans je ne sais quel lieu. Pourtant, cette réalité ne s'actualise pas d'une manière évidente, car nous vivons toujours dans le désir, dans l'attente d'autre chose ; tel est notre karma.

Il est très difficile de reconnaître tout simplement que tout est là. Tout est présent ici et maintenant. C'est ce que j'ai ressenti lors de ma première expérience de zazen, et d'une certaine manière vingt ans de zazen consistent à actualiser avec beaucoup de détours ce qu'a été mon éveil initial. Ma première expérience de zazen était vraiment un grand satori. Ensuite il faut le « digérer » et en faire une réalité quotidienne. Cela demande beaucoup de temps puisque, avant d'arriver à la pratique, il y a eu vingt-huit ans d'errance et d'illusion, sans compter les vies antérieures...

Cette notion de satori est aussi présente dans la tradition du zen Rinzai.

Dans le zen Rinzai, il existe une forme de satori qui s'appelle le *kensho*, c'est-à-dire la vision immédiate, une intuition de la vérité profonde en soi, mais cette vision est très fugitive. Le véritable satori, tel qu'il est enseigné dans le zen Soto, consiste à s'harmoniser avec cette réalité justement en ne la mystifiant pas, et on ne peut le vivre que dans la mesure où on y renonce. C'est dans le renoncement à atteindre un état spécial que notre condition normale peut se réaliser, à condition de pratiquer zazen quotidiennement et de vivre à partir de cette pratique, sinon le poids des conditionnements et des habitudes de pensée est trop fort.

Si on estime que tous les êtres ont originellement le satori et qu'il n'y a donc rien à faire, que ce n'est pas la peine de pratiquer, les habitudes de pensée prennent le dessus et on ne pourra jamais réaliser cette réalité fondamentale, qui est pourtant toute proche et en même temps ne se révèle que dans la pratique.

Ne peut-on admettre que, lorsqu'il nous arrive de réaliser cet état de satori, d'abord d'une manière fugitive, il puisse exister ensuite une évolution, c'est-à-dire que cet état après de nombreux va-et-vient puisse devenir de plus en plus fréquent, peut-être de plus en plus long, pour se cristalliser à un moment donné ?

Cela se déroule plutôt dans le sens opposé : cet état ne devient pas de plus en plus long, mais me permet par contre de voir que mes désirs et mes attachements sont en vérité extrêmement puissants et étendus. Tout en voyant cette puissance, ma perception devient plus lucide et plus aiguë et me permet de ne plus trop m'attacher à ces désirs et à ces illusions. Nous pourrions dire qu'il existe une augmentation constante de l'illusion et en même temps une augmentation du satori. Le satori permet de voir l'illusion et se présente en tant qu'abandon et lâcher-prise par rapport à celle-ci.

Peut-on dire qu'il existe dans cet état de conscience un émerveillement constant par rapport aux objets et aux êtres qui nous entourent et qu'il est possible de percevoir directement leur essence ?

C'est une autre dimension qui existe simultanément. Elle n'est pas d'ordre sensuel, perceptif ou esthétique. C'est une perception de la vie toute simple, qui est au-delà de cette opposition attachement-détachement, désir d'obtention-mushotoku. Jusqu'à présent, j'ai beaucoup parlé de cette oscillation entre les deux, comme s'il existait un cheminement presque constant entre l'éveil et l'illusion, qui ne peuvent jamais être séparés. Mais en même temps apparaît une autre manière de regarder sa vie dans laquelle il n'existe plus ni satori ni illusion. C'est la perception de la réalité telle qu'elle est, sans opposition ni dualité. Cette réalité n'est pas qualifiable, on ne peut pas affirmer : « C'est la vérité » ou : « C'est l'illusion. » C'est simplement « ce que cela est », et cette dimension est merveilleuse.

Vous nous mettez l'eau à la bouche. Avez-vous un exemple concret ?

Prenons un exemple simple. Une douleur apparaît, c'est seulement « cette douleur », et même le mot douleur n'est pas nécessaire. C'est juste la perception de ce qui est là, et c'est tout. Ni plus ni moins ! Une pensée, une émotion apparaissent, c'est simplement cela. Sans saisir ni rejeter. Chaque chose est telle qu'elle est, à sa place, au-delà de toute qualification. Nous devenons alors intimes avec chaque chose et nous l'acceptons pour ce qu'elle est.

Faites-vous une différence entre illumination et éveil ?

Non, en réalité il n'existe pas de différence, mais Maître Deshimaru en faisait effectivement une pour les Occidentaux. Car à travers la littérature du professeur Suzuki, les Occidentaux ont été amenés à penser que l'illumination est un événement qui frappe l'esprit soudainement et change la perspective, la manière de percevoir les choses. C'est une erreur, ces personnes n'ont pas vécu l'illumination et l'imaginent au travers de livres. A travers l'expérience de la pratique de zazen et l'enseignement de

Maître Deshimaru, nous pouvons dire que l'illumination n'est pas une condition spéciale mais le retour aux conditions normales. En fait, nous prenons conscience que nous n'avons pas besoin d'une illumination spéciale car ici et maintenant, à chaque instant la vérité se manifeste, et c'est quelque chose de tout à fait ordinaire, je dirais presque banal. Je pense que le véritable éveil consiste à se rendre compte qu'il n'existe pas d'éveil, pas d'illumination. Donc, pour beaucoup de personnes, l'illumination fonctionne comme une illusion, un miroir aux alouettes…

Mais peut-on dire qu'au moment de l'éveil, il se produit une rupture, une amplification du champ de conscience... A en croire ceux qui ont vécu cette expérience, il existe bien un avant et un après ?

Oui, il se passe quelque chose. Il y a une intuition, une vision de la réalité qui n'est pas la vision de l'ego ordinaire, mais ce quelque chose est beaucoup plus naturel, plus simple que ce que nous imaginons. Quand nous réalisons cette chose, cela n'a rien d'extraordinaire. Maître Deshimaru critiquait surtout le fait de créer un but à la pratique, qu'il s'agisse de l'éveil ou de l'illumination, et d'en faire quelque chose d'extraordinaire qui devient vite un nouvel objet et finalement un obstacle à l'éveil.

Pourriez-vous nous donner un exemple concret ?

Par exemple, prenons un simple sentiment d'attachement à l'égard d'une personne, je ne me dis pas que cet attachement est illusion, que je ne devrais pas l'éprouver — j'ai simplement la perception de ce sentiment. Celui-ci existe à présent. S'il s'agit d'un sentiment d'amour tant mieux, mais il m'arrive quelquefois de ressentir de la tristesse, c'est simplement de la tristesse. Il n'y a pas à juger ce sentiment et à me demander d'où il vient. Je trouve merveilleux le simple fait de le vivre au-delà de tout jugement. C'est aussi un moment passé à regarder un paysage ou à écouter une musique sans avoir à se dire : « C'est beau ». Il s'agit simplement d'être là et de ressentir cet instant sans jugement, sans interprétation. Ou encore être assis en zazen et voir apparaître des émotions, des sentiments qui peuvent parfois être de la colère, de la jalousie ; un processus se met alors en marche pour comprendre et trop souvent pour juger ; c'est stupide, il faut laisser passer. Puis, brusquement, même ce processus s'arrête, nous permettant de voir : « C'est simplement cela », c'est tout. Sans jugement ni interprétation. En même temps, nous ne stagnons pas sur ce processus.

C'est un moment d'acceptation et d'unité avec ce qui est ressenti ou perçu à l'extérieur, regarder un arbre, un paysage ou même éprouver une sensation physique. C'est une vision qui ne rajoute rien, mais si un sentiment ou une émotion est ajouté, nous pouvons le voir et l'accepter également tel qu'il se présente. Même si à ce moment-là vient se greffer un attachement, un jugement, nous devons aussi voir cela tel que c'est, car ce n'est rien d'autre que cela. C'est réaliser un esprit en miroir par rapport à ce qui est. Un miroir à deux faces, l'une tournée vers l'extérieur et l'autre vers l'intérieur, avec une acceptation totale. Je pense que c'est un point important dans la pratique de la voie alors qu'on s'imagine toujours qu'il y a un état particulier à atteindre et que cet état doit être dépouillé d'émotions, d'attachement...

Ce que je suis en train de dire, lorsque je parle d'un état d'acceptation, peut être aussi parfois l'acceptation de l'inacceptable : « Oui, c'est ainsi, je ne peux pas accepter, c'est inacceptable. » Dans ce cas, nous ne devons pas nous culpabiliser mais nous dire : « C'est ainsi ! » Autrement dit, être plus proche de sa réalité de chaque instant, sans créer de dualité, de séparation ou de jugement à partir d'un idéal : « Dans le zen, il faut être comme ceci ou comme cela, il ne faut pas avoir d'attachement... »

Après vingt ans de pratique régulière, vos attachements, émotions ou désirs sont-ils toujours aussi vivaces ou de nature différente ?

En fait, intérieurement, ce qui se passe c'est l'impossibilité de stagner longtemps dans un état particulier ; cela est très rapide, la vision est immédiate, la possibilité de rentrer dans ce jeu des illusions existe de moins en moins, même si je le voulais. En même temps, la vision devient de plus en plus aiguë et elle me permet de lâcher prise plus vite. Je découvre aussi qu'il en existe toujours davantage sous d'autres formes, mais je trouve cela comique et cela ne me dérange pas trop...

Mon esprit est bien plus en paix, et j'accepte plus facilement ce qui existe, y compris ce jeu de l'illusion. Lorsque je me regarde ainsi, je suis porté à beaucoup d'humour. J'ai un grand sentiment de l'urgence d'être responsable de mes propres actes surtout dirigés par l'égoïsme et la négligence. Ce sont ceux-là qui, multipliés par le nombre d'individus vivants, créent la pollution mentale et l'atmosphère de la société dans laquelle nous vivons. Il s'agit d'être responsable et en même temps de ne pas tomber dans un esprit de culpabilité. La seule chose à faire est d'approfondir sa propre pratique afin de vivre un état dans lequel un certain nombre de comportements cessent spontanément. Nous devenons ainsi plus responsables, mais pas dans le sens sérieux et volontariste du terme. On devient naturellement responsable sans y penser.

Qu'est-ce qu'un makyo ?

Le makyo est constitué de manifestations, d'états anormaux de conscience ou de perceptions pouvant se manifester durant zazen. Par exemple, lors de la dernière sesshin d'hiver, une femme m'a raconté qu'elle voyait le zafu de la personne devant elle devenir lumineux. Pourquoi cette perception est-elle devenue makyo ? Parce que la personne a commencé à interpréter la perception. Elle a pensé que celle à qui appartenait le zafu était en état de sainteté, de pureté. Elle n'a pas vu que cette vision était en fait une projection de son propre esprit. Souvent les makyo apparaissent lors d'une pratique intensive, car à ce moment-là peuvent apparaître des troubles de la perception. L'attitude juste consiste à prendre conscience qu'il s'agit d'un phénomène makyo et à se concentrer à nouveau sur l'expiration afin de le laisser passer.

Parfois, des moines nous font part de certaines expériences vous concernant. Quelques-uns pensent même que vous possédez un don de clairvoyance et que votre regard est parfois animé d'un éclat inhabituel. Est-ce du domaine du makyo ou de la réalité ?

Si quelqu'un au cours de son zazen commence à me voir apparaître dans son esprit comme un bouddha aux mille bras, omnipotent, c'est un makyo de l'ordre de l'hallucination. Maintenant, dans une relation entre deux individus, il est très difficile de démêler ce qui est projectif de ce qui est réel. On voit toujours l'autre à travers le prisme de sa propre subjectivité, on voit rarement l'autre tel qu'il est véritablement. Mais tout n'est pas makyo, parfois nous pouvons percevoir l'autre dans sa profondeur et l'échange se déroule « de mon âme à ton âme » ; c'est l'essence de la transmission du zen, et cela se transmet parfois à travers un regard.

Lorsque vous enseignez, êtes-vous conscient de changer de niveau de conscience ?

Oui, et heureusement ! Mais ces états sont extrêmement fluctuants. Il peut m'arriver, pendant une sesshin, de vivre des moments très forts que l'on pourrait appeler des états de grâce que j'essaie alors de communiquer, puis il y a d'autres moments où les choses restent très habituelles. J'essaie toujours d'être totalement concentré dans l'instant, une vigilance particulière est donc requise, qui permet à cette réceptivité de se produire.

Tous les maîtres ont enseigné que rechercher l'éveil comme quelque chose de spécial devenait un obstacle à la réalisation. Ainsi, l'enseignement de Maître Deshimaru consistait à nous montrer que chaque zazen est éveil, et que nous ne devons pas rechercher quelque chose de spécial. Il faut abandonner cet esprit avide de fabuleux et de merveilleux. Le propre de l'enseignement du zen Soto étant de ne plus fabuler à propos du satori ni de vouloir le saisir à travers les mots, mais de le laisser se réaliser naturellement.

J'insiste, on peut tout de même dire qu'il y a une évolution dans le détachement qui peut devenir total. De nombreux sages en sont encore un vivant exemple.

Il n'existe pas de complet détachement ! Une attitude compatissante serait de vous laisser croire que cela existe. C'est la carotte qui vous permettrait de cheminer, de mobiliser une énergie importante pour votre cheminement. Mais comme nous sommes ici dans le cadre d'un entretien, je vous dis qu'à la fin, le véritable éveil consistera à réaliser qu'il n'y a pas d'éveil. L'éveil ne peut exister que par rapport à l'illusion. L'éveil et l'illusion coexistent comme l'envers et l'endroit d'un même objet. Si nous sommes capables de percevoir cette réalité, nous sommes également capables de nous situer au-delà de ces deux pôles. Sinon, nous restons dans la dualité et désirons aller de l'illusion au satori. Le satori devient alors un nouvel objet, une nouvelle illusion. Je pense qu'il est très important de comprendre cela si nous ne voulons pas retomber dans le désir d'obtenir quelque chose de spécial, ce qui est le propre de l'état de non-éveil, de l'aliénation humaine.

On ne peut tout de même pas nier qu'au cours de leur passage sur terre certains individus aient réalisé l'état ultime.

Je ne veux ni le nier ni l'affirmer. Ce qui m'intéresse, c'est la vie qui ne peut être figée dans aucun état. En vérité, le point ultime de la pratique, c'est de faire encore ce que l'on appelle dans le zen « un pas de plus ». Durant le cheminement, nous faisons des efforts, nous pratiquons, nous nous affrontons à notre karma, à nos illusions ; nous résolvons un problème puis un autre apparaît. Ce cheminement est nécessaire, car en dernier lieu nous avons à accepter qu'il existe toujours un pas de plus à faire. Nous ne devons pas nous attacher à l'éveil, car il faut comprendre que l'éveil n'existe pas seul, il n'existe que par rapport à l'illusion. Je pense qu'en vérité on chemine de satori en satori, et l'erreur consisterait à croire que le satori est un état définitif dans lequel il n'y a plus d'illusion. C'est cela l'illusion suprême ! Je pense que c'est inhumain et irréaliste ! Nous devons accepter d'avoir des attachements. L'alternance règne constamment entre le satori et l'illusion, le karma et la vacuité.

On vit dans la matière, dans les phénomènes, et en même temps tout est vacuité. Il n'y a jamais de possibilité de séparer le satori de l'illusion. Le jour où l'on pense avoir rejeté toute illusion et qu'il ne reste que le satori, ce jour-là il faut tout recommencer à zéro. Le satori suprême, c'est comprendre qu'il n'y a pas de satori !

VI

L'accueil de la mort

Vous disiez tout à l'heure que l'on pratique zazen jusqu'à sa mort. Il existe une maxime célèbre dans le zen : « Faire zazen, c'est entrer dans son cercueil. » Peut-on essayer d'expliquer cette image un peu macabre ?

Le premier sens de cette phrase a trait à l'intensité que nous devons développer pendant la pratique. Nous devons pratiquer zazen comme s'il s'agissait d'une question de vie ou de mort. Pratiquer zazen, c'est apprendre à vivre de manière plus profonde, plus pénétrante. L'intensité de la concentration pendant la pratique est semblable à celle qui existe au moment de la mort. Les derniers instants prennent alors une valeur décisive. Si on vous annonce que vous allez mourir ce soir, votre journée sera plus riche et profonde que s'il s'agit d'une journée parmi tant d'autres. Pratiquer zazen, c'est ressentir que le temps est précieux, qu'il ne faut pas le gaspiller, que notre vie est limitée. Cette conscience ne peut qu'intensifier notre pratique.

L'autre aspect consiste à comprendre que dans la vie quotidienne il existe toujours, instant après instant, vie et mort des phénomènes, des pensées... En faisant zazen, nous réalisons que nous ne pouvons pas appréhender la vie sans la mort. Les deux sont indissociables.

Dans l'expression que vous citez, il ne s'agit pas de vivre l'état dans lequel nous serons lorsque nous serons morts et dans notre cercueil, mais de vivre l'état dans lequel nous serons à l'instant où nous y entrerons. Cet état dans lequel nous ne cherchons plus à saisir puisque nous ne pouvons rien emmener. C'est l'expression de l'état d'esprit ultime dans lequel on perçoit la vacuité de tout le monde phénoménal. Faire zazen consiste à expérimenter cet état : cette vision de la vacuité. C'est entrer dans le monde de ku, le monde au-delà des phénomènes, tout en restant dans le monde manifesté.

Je pense qu'il est important de voir ces deux aspects. Entrer dans son cercueil, ce n'est pas une pensée mais une intuition pénétrante et profonde qui change totalement la manière d'être en relation avec sa vie et sa mort.

Cette idée du cercueil renvoie surtout à la peur légitime de la mort. Mais il semble qu'elle ne fasse plus assez peur aujourd'hui.

Hélas ! Nous ne vivons pas assez en sa compagnie. Nous la refoulons, la rejetons comme si elle n'existait pas. Si nous ne partons pas du constat de l'impermanence de notre vie, nous allons vivre comme dans un rêve et construire un décor afin de masquer cette fragilité fondamentale. Lorsque nous disons : « Faire zazen, c'est entrer dans son cercueil », cela consiste à apprendre à mener une vie simple, authentique, où nous cessons de croire que nous avons l'éternité devant nous. Il n'y a rien d'extraordinaire à prendre conscience que la vie est éphémère comme une goutte de rosée qui peut s'évaporer d'un instant à l'autre. Mais cela n'est qu'une fragilité objective. La plus grande fragilité de l'homme, c'est sa vanité qui l'amène à refuser l'impermanence comme s'il était destiné à vivre éternellement. Afin d'oublier, nous accumulons les plaisirs et les biens. Nous créons toutes sortes de protections illusoires nous permettant de conserver un confort et un bonheur relatifs. Alors que la seule chose à faire en réalité, c'est revenir à la simplicité, à l'harmonie avec la réalité de l'impermanence. Bien sûr, il n'est jamais trop tard pour découvrir la réalité de la vie ; même au moment de la mort, il peut toujours se produire un grand éveil. Mais ce qui est encore mieux, c'est de vivre l'expérience de l'éveil durant la pratique.

Contrairement au bouddhisme tibétain, dans le bouddhisme zen on parle peu ou pas du tout de ce qui se passe après la mort. Nous ne retrouvons pas *l'importance du **bardo**, cet univers post-mortem et transitoire. Vous parlez également peu du karma, des relations de causes et d'effets, des actes et des pensées et de leurs répercussions sur notre vie présente et prochaine.*

La pratique de zazen, c'est apprendre à vivre ici et maintenant ; c'est ainsi qu'elle est une préparation constante à la mort, et peu importe ce qui advient ensuite. La chose la plus importante, c'est l'éternité de l'instant. Nous ne nions pas la théorie de la transmigration et des vies successives, mais nous ne nous en préoccupons pas. Nous nous concentrons sur notre pratique du dharma, ici et maintenant. Nous ne pratiquons pas dans le but d'accumuler des mérites pour obtenir une bonne réincarnation. Même si cela est peut-être vrai, c'est encore une vision limitée. Le zen est au-delà du gain et de la perte. Il n'y a pas d'arithmétique des mérites ! Commençons par nous libérer de cet esprit d'acquisition. Le plus important c'est de vivre cette existence de la manière la plus juste sans songer au futur, et encore moins au bardo... Je ne pense pas à la nécessité d'une préparation consciente et minutieuse de cet événement qu'est la mort — je laisse venir la mort telle qu'elle se présentera. Il y a eu des maîtres zen qui sont morts sereinement en écrivant un ultime poème dédié à leurs disciples. D'autres sont morts en criant : « Je ne veux pas mourir ! » Je crois que le plus important au moment de mourir, c'est d'être vrai, de s'accepter. Au moment de votre mort, celle-ci s'impose comme un miroir de ce que nous sommes. Si cette réalité nous désespère, autant la voir et l'accepter. Il ne faut surtout pas chercher à se mettre dans un état spécial. De même, quand vous êtes face au mur assis en zazen, c'est le moment d'accepter d'être ce que vous êtes dans tous vos aspects.

Les Orientaux croient que nous nous réincarnons de vie en vie en fonction des mérites et des fautes commises, c'est-à-dire en fonction de la loi du karma qui veut que tout acte soit rétribué non seulement dans cette vie-ci mais aussi dans les prochaines. Cette vision est acceptée dans le zen et revêt même une certaine importance. Maître Dogen disait : « Si nous ne croyons pas à cette causalité karmique avec une rétribution nécessaire dans une de ses trois périodes de temps, cette vie, la vie prochaine ou une vie future, nous n'avons pas même fait le premier pas dans la voie. » Si nous ne croyons pas en cette vérité, nous aurons tendance à croire que les choses arrivent par hasard, que le monde est absurde, injuste. La notion de karma permet de mieux accepter ce qui nous arrive.

Nous devons considérer le karma par rapport à notre propre vie et nous dire : « Effectivement, ce qui m'arrive est lié à mon karma. » Par cette pensée, je deviens pleinement responsable de mes actes et je peux ainsi les assumer. Il est inutile de se croire accablé par la malchance ou victime d'un hasard absurde. Au contraire, si j'assume ce qui arrive comme ma responsabilité, cela m'aidera à transformer ma vie conditionnée en une existence libre et responsable. Si nous croyons au hasard, il n'y a pas grand-chose à faire, mais si nous percevons que tout ce qui nous arrive est le résultat de nos pensées, de nos paroles et de nos actions passées et même issues d'un passé très lointain, nous prenons conscience que tout a un effet. Nous sommes alors plus vigilants et responsables de nos actes. D'autre part, le fait d'accepter que les choses n'arrivent pas par hasard mais par notre volonté nous permettra de nous réconcilier avec l'existence. Au lieu d'être un révolté, un écorché vif plongé dans un refus total des événements qui nous arrivent, nous devenons plus responsables et plus libres.

Bien sûr, nous pouvons toujours douter de cette notion de karma et affirmer que rien n'est prouvé au-delà de cette vie. La simple observation que nous pouvons faire c'est de nous dire que, dans le monde manifesté, les phénomènes se produisent par des enchaînements de causes et d'effets. Par conséquent, il n'y a pas de raisons que cela ne puisse pas être transposé au niveau de la vie psychique.

D'ailleurs, toute la psychopathologie montre qu'il existe une causalité psychique. Même si la causalité karmique était un mythe, l'important est d'observer quels sont les effets de cette croyance. A chacun de faire l'expérience, afin de voir si elle lui est salutaire et bénéfique et, surtout, si elle permet de vivre de façon plus paisible, en harmonie avec les événements douloureux qui nous arrivent.

Que l'on croie ou non à l'existence de vies successives, bonnes ou mauvaises en fonction des actes accomplis dans cette vie, nous pouvons observer que très souvent un acte positif ou négatif est immédiatement suivi d'effets.

Tout à fait ! J'évoquais plus haut le karma dans les trois périodes, mais c'est surtout dans cette vie que nous pouvons l'observer en tout premier lieu. Ce que nous observons pendant la durée de la pratique, c'est précisément la transmigration. Durant une heure de zazen, nous vivons déjà ce monde de transmigration. Nous pouvons passer d'un état infernal de douleur et de révolte à un état d'apaisement proche de la béatitude, avant d'être repris par des désirs ou des préoccupations familiales ou financières. Voir la vie du point de vue de la transmigration, c'est aussi voir dans quel monde on vit d'instant en instant. Je pense à l'histoire du samouraï qui rend visite à un maître et qui lui demande si le paradis et l'enfer existent. Le maître lui dit : « Qui es-tu ? » Le guerrier répond : « Moi, je suis un grand samouraï. » Aussitôt, le maître se moque de lui, et le samouraï fou de rage dégaine son sabre pour le tuer. En réponse, le maître lui dit : « Là s'ouvrent les portes de l'enfer. » Le samouraï s'arrête net, rentre le sabre et salue le maître, qui lui répond : « Maintenant s'ouvrent les portes du paradis. » Il est vrai que d'instant en instant, suivant nos émotions, nous sommes dans des mondes différents, c'est cette transmigration-là qui est intéressante.

La notion japonaise du hara-kiri chez les samouraïs est légendaire et prestigieuse. Qu'en pensez-vous ?

Dans la véritable tradition, le samouraï en vient à se donner la mort simplement quand il n'a plus le choix — il va mourir. Le suicide est dans ce cas permis, puisque c'est un moyen pour lui d'assumer sa propre défaite. Son ennemi au lieu de le tuer lui donne la possibilité de se tuer, de mourir dignement, c'est tout. Ensuite, les pratiques ont dévié mais ne sont plus incluses dans la tradition, par exemple le suicide de personnes qui ont perdu leur honneur, cela représente le comble de l'attachement à l'ego. Le bouddhisme zen n'a aucun rapport avec ce genre de pratique.

Quel est votre sentiment à l'égard du suicide ?

Je pense avant tout que nous ne devons pas jeter l'anathème et dire que le suicidé n'aura pas droit à un enterrement religieux. C'est un manque de compassion total. Il existe une façon de parler du suicide qui montre que nous méconnaissons l'extrême désarroi et la souffrance de la personne qui est acculée à cet acte.

Le suicide doit nous faire réfléchir à la gravité de

la souffrance que nous n'avons peut-être pas su voir et soulager. Car c'est souvent un appel au secours, et quand nous entendons quelqu'un qui menace de se suicider, il ne faut pas céder au chantage mais prendre la menace très au sérieux. Bien souvent, la personne qui cherche à se suicider se croit dans une impasse. Or la pratique du zen nous montre finalement qu'aucune situation n'est véritablement une impasse. Nous nous croyons dans une telle situation car nous ne voyons qu'un aspect des choses et notre créativité est paralysée. Il existe toujours une transformation possible des pires situations, même de celles qui pourraient justifier le suicide.

Très souvent, la cause du suicide est la perte de ce que les gens aiment et à quoi ils sont fortement attachés. Mais si nous nous souvenons du Bouddha Shakyamuni, nous réalisons qu'il avait renoncé à tout et qu'il a ainsi réalisé le plus grand bonheur. Même au moment de la perte de tout ce qui représente nos objets d'attachement et qui peut motiver le suicide, certains peuvent réaliser l'éveil. A partir de cette constatation que nous ne pouvons plus saisir quoi que ce soit et que tout nous échappe, nous avons la possibilité de saisir l'opportunité qui nous est offerte de réaliser le détachement et la liberté. Un retournement de la conscience est toujours possible et la situation la plus désespérante peut être porteuse d'espoir. Mais cela seulement si la personne suicidaire est assistée par quelqu'un capable de l'aider à réaliser ce retournement de point de vue. Évidemment, ce n'est pas facile quand l'individu est obnubilé par le désespoir et que les personnes qui l'entourent ont aussi très peur de la mort.

Le vêtement traditionnel que porte le moine, le kesa, est constitué de plusieurs petits morceaux de tissu cousus ensemble soigneusement. A l'origine, il était confectionné à partir de bouts de linceul ayant échappé à la crémation, c'est-à-dire des tissus souillés rejetés par la société et ramassés sur les champs crématoires. Quel est le symbole de ce vêtement ?

C'est un rappel aussi bien pour le moine qui le porte que pour celui qui le voit. Il montre comment une nouvelle vie peut apparaître à partir de l'acceptation de la mort. Revêtir le kesa signifie accepter la mort, accepter de mourir à soi-même afin qu'une autre vie puisse apparaître. Le moine voit et comprend qu'il doit se détacher de son ego, abandonner ce qui constitue sa vie limitée pour revivre sur un autre plan. Le kesa symbolise cette métamorphose. Nous pratiquons zazen avec le kesa, qui devient unité avec zazen, c'est alors qu'il revêt sa véritable signification et devient le vêtement d'éveil.

Le kesa symbolise également la continuation de la vie de Bouddha au-delà de la mort, car il est transmis directement de maître à disciple. Il devient le symbole de la vie éveillée de Bouddha et représente le symbole du zazen. C'est le principal objet de foi dans le bouddhisme zen Soto. Maître Deshimaru disait : « Le kesa et zazen sont les deux ailes de l'oiseau », et il insistait sur le fait que faire zazen avec le kesa donnait sa vraie dimension religieuse à zazen.

VII

Zen et Occident

Nous souhaiterions évoquer avec vous quelques questions d'actualité. Par exemple, à l'heure où l'écologie est au cœur du débat politique, ne pensez-vous pas qu'il faudrait plutôt s'interroger sur l'origine profonde de la crise dans les rapports entre l'homme et l'environnement ?

Notre civilisation occidentale, dont le mode de pensée s'étend au monde entier, est une civilisation technicienne orientée essentiellement vers la maîtrise et l'exploitation de la nature. La crise actuelle dans le rapport de l'homme avec son environnement n'est pas un simple accident de parcours dans un processus de progrès infini. Elle est la manifestation d'une attitude déséquilibrée de l'homme par rapport à la nature dont l'origine remonte aux sources de notre culture.

Le mythe de Prométhée symbolise l'attitude de l'homme occidental qui s'est attaché à développer un esprit intellectuel comme moyen pour satisfaire ses désirs matériels. Or aucun objet ne peut satisfaire totalement le désir fondamental de l'homme qui est en fait la recherche d'unité avec la nature. Plus cette aspiration spirituelle est négligée, plus on assiste à une multiplication incessante des désirs. C'est même devenu le principal moteur de l'économie des pays occidentaux. Depuis, on constate une dégradation constante de l'environnement naturel et un gaspillage des ressources non renouvelables de la planète, sans compter les multiples pollutions. Le développement des désirs artificiels ne représente qu'un enchaînement à l'ego limité qui n'engendre qu'insatisfaction, peur et agressivité. La compétition individuelle se traduit au niveau international par la compétition entre les nations tant sur le plan économique que militaire. De cette compétition résulte un appauvrissement des plus pauvres tant à l'intérieur des pays dits développés que dans le tiers-monde.

Quelles sont les solutions économiques, politiques et individuelles pouvant être envisagées afin de répondre à l'urgence d'un meilleur environnement ?

Les problèmes de l'environnement ne pourront être résolus que par une véritable révolution spirituelle. Le zen peut y contribuer car il est une voie d'harmonisation de l'être humain avec l'ordre cosmique, à travers la pratique quotidienne de la méditation assise. Se tenir assis face au mur signifie cesser de poursuivre des objets extérieurs et apprendre à se connaître intimement.

Avec son cerveau gauche, l'homme a développé une pensée abstraite qui lui a permis d'acquérir une certaine maîtrise sur la nature, mais qui l'a aussi coupé d'une relation intime avec elle. La pensée fondée sur le langage verbal est dualiste par essence et crée la rupture entre l'homme et le monde. Cette scission engendre alors solitude et frustrations que l'homme tente de compenser en développant davantage son emprise sur la nature au moyen de la technique. Pratiquer zazen permet de retrouver une relation immédiate et intime avec la nature, une vision poétique du monde et une participation à la vie qui seule peut corriger en profondeur la volonté de puissance de l'homme devenu exclusivement *homo economicus*.

Face à ce constat, quelle est l'attitude la plus juste à adopter ?

L'attitude dualiste de notre civilisation transforme tout en technique, et l'attitude technicienne est ce qui crée la crise entre soi-même et l'environnement. Cette attitude consiste toujours à réaliser quelque chose en vue d'un profit futur. Les choses les plus simples et les plus naturelles, comme aimer, s'exprimer et même méditer, deviennent des techniques en vue d'obtenir autre chose. Faire zazen, c'est laisser tomber cette attitude et faire demi-tour. On ne pratique pas zazen pour obtenir le satori. Mais pratiqué sans but ni esprit de profit, zazen lui-même est satori. Quand on réalise cela, chaque circonstance de notre vie devient pratique de l'éveil.

Quand un moine demanda à Maître Joshu (Chao-chou Ts'ung-shen) : « Qu'est-ce que l'essence du bouddhisme ? » Joshu répondit simplement : « As-tu pris ton petit déjeuner ? — Oui, Maître, répondit le disciple. — Alors va laver ton bol. »

Les actions simples de notre vie quotidienne dans une totale attention ici et maintenant sont la pratique de la voie de Bouddha. Cette totale attention implique de respecter et de protéger toutes choses comme notre bien le plus précieux. Cela a conduit les moines à créer l'art floral dont le but était de prolonger la vie des fleurs offertes au Bouddha ou brisées par un orage. L'art du jardin est aussi l'expression de ce sentiment d'harmonie avec la nature et tout l'univers.

Toutefois, la racine de ces pratiques est la réalisation en zazen de notre nature la plus profonde. Elle s'actualise quand on cesse de vouloir saisir ou rejeter. A ce moment-là se réalise notre unité avec la grande nature, Dieu ou Bouddha ; la plus haute dimension de l'existence humaine se réalise naturellement, comme une fleur devient fleur lorsque ses pétales s'ouvrent.

La conquête de la nature s'est faite par le développement de l'esprit dualiste et abstrait. Celui-ci fait prédominer l'approche de la quantité sur la qualité, de l'avoir sur l'être. Dans une telle vision, il n'est pas étonnant que Dieu soit mort ! L'ennui, c'est que l'homme a perdu aussi ses vraies racines, sa vraie nature divine ou nature de bouddha.

L'efficacité dans la maîtrise de la nature s'est traduite par la réduction de l'intuition et de la créativité. Après avoir conformé la nature à ses techniques, l'homme est devenu un rouage qui se doit d'être conforme au modèle technocratique qu'il a créé.

Bien que l'écologie soit d'actualité, il existe un décalage entre ce que l'on connaît des dangers encourus par les techniques modernes et ce qui est réellement entrepris pour y remédier, comme si on croyait impossible d'arrêter la pollution et la dégradation de l'environnement.

L'écologie rappelle des principes fondamentaux sur les lois de l'équilibre naturel, de l'interaction entre les êtres vivants et le milieu. Mais sans changement radical de mentalité, les idées écologiques resteront peu influentes.

Pratiquer zazen, c'est changer notre attitude ici et maintenant en commençant par notre environnement immédiat. La pollution est d'abord dans les esprits avant de se manifester dans l'atmosphère, l'eau ou la terre. Pratiquer zazen, c'est abandonner l'ego et réaliser notre interdépendance et notre solidarité avec tout l'univers.

Le rapport avec l'environnement se situe aussi au

niveau de l'énergie. Nous sommes constitués des mêmes éléments et de la même énergie que tout l'univers. Utiliser trop d'énergie crée un déséquilibre non seulement dans l'environnement mais en soi-même. Trop de nourriture ou des aliments trop riches ruinent la santé. Pendant les sesshin, on mange une nourriture plus légère et plus naturelle. Sans dogmatisme, zazen rééduque notre instinct alimentaire. Trop de confort affaiblit la résistance. La vie dans le zen consiste à recourir à un mode d'existence simple sans rechercher trop de confort ou de luxe. L'idéal du moine zen consiste à vivre avec son bol et son kesa. Trop d'informations rend abstrait notre rapport avec le monde. Le zen, c'est retrouver l'expérience directe de la vie !

Comme zazen, les phénomèmes naturels expriment l'enseignement de Bouddha au-delà du langage et des fabrications du mental. Les moines zen ont ainsi souvent établi leur dojo dans la nature, au cœur des montagnes ou près des rivières. Mais ce n'était pas un attachement romantique pour la nature... Dans l'histoire du bouddhisme zen, il n'est pas rare que des moines se soient éveillés en entendant un caillou tomber, en voyant une fleur de pêcher, ou encore en entendant le bruit du torrent dans la vallée. Ces phénomènes naturels ont été l'occasion de réaliser leur unité avec tout l'univers.

Enfin, notre environnement est un monde mouvant, impermanent. L'ego cherche toujours un bonheur stable et se heurte à l'impermanence des phénomènes. Aussi, la plupart des religions ont recherché le bonheur dans l'au-delà ; dans certaines écoles du bouddhisme on recherche le nirvana au-delà du monde des phénomènes. Mais zazen se situe au-delà du dualisme entre l'environnement phénoménal, le *samsara,* et le nirvana, car ce dualisme est encore un attachement de notre ego. Quand celui-ci est abandonné, il n'y a plus besoin de fuir le samsara ou de rechercher le nirvana. Le bodhisattva du bouddhisme Mahayana vit et pratique dans le monde des phénomènes pour aider tous les êtres à résoudre leurs souffrances et à réaliser l'éveil. Tel est l'idéal de vie proposé par la pratique de zazen.

Que pensez-vous de l'implantation du bouddhisme en Europe ? Des moines trappistes, cisterciens ou des chrétiens laïcs pratiquent zazen, que pensez-vous de ce voisinage ?

Je pense que si certains Européens se sont tournés vers les voies orientales, c'est qu'ils n'ont pas pu trouver ce qu'ils cherchaient, dans l'enseignement chrétien. L'Orient, qui inquiète l'Église, représente en vérité ses propres manques, et souvent elle se bloque dans ses positions et prétexte un danger à suivre les voies orientales alors que le seul danger véritable est de passer à côté de la dimension religieuse de la vie. L'enseignement doit évoluer avec les besoins, et ce qui est véritablement important c'est que le XXIe siècle soit spirituel, c'est-à-dire qu'il existe une mutation profonde de l'état d'esprit en général et de la manière de vivre.

Il est tout de même paradoxal qu'un des éléments principaux de la vie des moines cisterciens qui sous-tend la vie des monastères soit la pratique par la prière, et que néanmoins ces moines aient besoin d'un support physique qui est l'assise immobile.

La prière est très souvent axée sur la demande et elle est verbale. Je pense que ces deux aspects représentent des limitations à l'expérience. C'est à partir de ces limites que l'enseignement du zen peut prendre sa place, à travers la dimension mushotoku, qui est le non-objet, la non-attente, le non-profit, même spirituel. Je pense qu'il faudrait même renoncer à Dieu pour Dieu, c'est d'ailleurs l'enseignement de Maître Eckhart[1]. Abandonner tout désir, toute volonté de réalisation, d'obtention afin qu'il n'existe plus aucun obstacle en soi et que Dieu puisse y trouver sa place.

Tant que l'on se trouve dans la demande, on est dans la distance, dans l'attente d'un temps futur et

1. Maître Eckhart (1260-1327) : dominicain allemand dont les *Écrits* et les *Sermons* mystiques furent condamnés par l'Église de l'époque. Son influence s'étend aujourd'hui jusqu'au Japon où les bouddhistes zen décèlent, dans la voie eckhartienne de la « renonciation infinie », une profonde parenté avec le zen.

par conséquent dans la non-réalisation. La voie du zazen c'est d'abord se vider de ses demandes et les voir, en acceptant d'être une créature limitée. La fusion avec Dieu, avec la dimension infinie de notre existence, ne peut se réaliser que lorsque nous sommes dans le lâcher-prise. Que peut apporter la pratique de zazen ? Tout d'abord la concentration sur la posture et sur la respiration. Dans la tradition chrétienne, le corps représentait le lieu du péché et l'on avait peu de rapports avec celui-ci, alors qu'il représente tout de même le support de l'âme. Dans la pratique de zazen, le corps est totalement intégré et unifié à l'esprit, cela constitue une aide importante qui nous permet de ne pas rester dans le mental, le verbal, donc dans la dualité. Car le verbe reflète une dualité, une coupure entre le mot et la représentation. Le mot n'est pas la chose. Le père Lassalle, dans son livre, *Prière chrétienne et méditation zen*, explique très bien que les religieux les plus contemplatifs, à un moment donné dans leur méditation et leur prière, parviennent à une grande difficulté qui est de dépasser le plan verbal constitué par la méditation avec un objet, avec une pensée verbale. Au début, cela permet une concentration, une canalisation mais ensuite cela devient un obstacle.

Les deux voies sont-elles compatibles ? Si un chrétien pratique zazen, peut-il le faire jusqu'à l'ordination sans renier sa religion ou bien la pratique de zazen constitue-t-elle simplement une aide, un moyen lui permettant d'avancer dans sa propre voie ?

Les deux sont possibles, mais si zazen est vécu comme un moyen, il risque d'être réduit à une pure technique et de se vider de sa force. Si nous vidons zazen de son esprit mushotoku, non-objet, afin d'en faire une technique avec objet, c'est-à-dire une technique nous permettant de pouvoir communier avec Dieu, zazen ne pourra rien apporter. Ce ne sera plus zazen. L'ouverture que zazen aurait pu apporter à la prière ne se fera pas. Il ne peut donc exister de distorsion par rapport à la pratique de zazen. Ce n'est pas parce que l'on sera assis avec les jambes croisées que l'on fera zazen. L'esprit de zazen doit être présent.

On ne peut mélanger ses préoccupations de chrétien à zazen. Maintenant, il est possible de pratiquer zazen afin de mieux pouvoir prier par la suite, mais au moment où nous pratiquons zazen, il faut oublier la prière et ne plus faire qu'un avec zazen. Durant zazen, il ne doit y avoir que zazen. A ce moment-là se crée une ouverture.

Il semble que lorsque nous sommes en zazen il est possible de ressentir ce qui est de l'ordre du religieux, dans le vrai sens du terme.

Tout à fait, c'est le cadeau de zazen, cela se produit quand on ne cherche pas à utiliser zazen pour arriver à ce résultat. Lorsque je dis que nous ne pouvons rien rechercher à travers zazen, aucun objet quel qu'il soit, même Dieu, cela ne signifie pas que ce genre de rencontre ne puisse pas se produire mais ces expériences ne peuvent se réaliser que dans l'abandon total même de l'espoir d'aboutir à ce genre d'expérience. A propos de l'ordination, je peux dire que, depuis vingt-cinq ans que la tradition du zen Soto transmise par Maître Deshimaru existe en Europe, il y a eu beaucoup de chrétiens convaincus qui ont reçu non seulement l'ordination de bodhisattva mais aussi de moine et de nonne. Je pense qu'une véritable religion ne consiste pas à créer des cloisonnements et des oppositions. Le zen n'est une religion que dans le sens où il nous relie à notre vérité profonde. C'est une religion très dépouillée sans dogme ni croyances. Ainsi, la pratique du zen ne peut entrer en conflit avec le fait d'avoir foi dans la révélation du Christ dont découlent les Écritures, les articles de foi, les dogmes. Alors que, si vous êtes chrétien, vous ne pouvez pas être également musulman ou juif. Le zen ne se situe pas dans un contexte de révélation dont découle un credo, il reste au niveau de l'expérience qui, étant universelle, peut se concilier avec diverses formes de religion.

Quelle sera la base de l'échange qui va pouvoir se produire par exemple entre le bouddhisme zen et le christianisme ? Sur quels points essentiels pouvez-vous vous retrouver ? Existe-t-il une convergence d'idées et de cœur ?

Le dialogue interreligieux est un processus en cours et je pense qu'il est très important de dialoguer, de se rencontrer. L'échange est basé sur l'expérience de certains aspects concrets de notre pratique spirituelle. Mais en réalité, il n'existe pas de but particulier à cet échange sauf la rencontre. Depuis quelques années se déroulent des échanges entre les moines chrétiens et les moines zen, qui consistent à aller vivre la pratique de l'autre dans son monastère. Et puis, le non-dualisme du zen et le dualisme du christianisme ne sont pas aussi opposés qu'on le croit.

Dans le zen, chaque être a la nature de bouddha, mais en même temps vous êtes, vous, un être humain et Bouddha est Bouddha. Je pense qu'il est nécessaire de partir de cette base, sinon la non-dualité devient un concept irréel ou nous conduit à vouloir régresser dans une indifférenciation pathologique. Dans le zen, il existe également une position dans laquelle nous devons assumer la séparation et la dualité. Ainsi Maître Dogen, lors de son voyage en Chine, fut frappé par un vieux moine qui disait : « Je ne suis pas un autre, je suis moi, je dois pratiquer par moi-même, personne d'autre ne pourra pratiquer à ma place. » Pour réaliser la non-dualité, la communion, je dois assumer le fait que je suis moi, complètement différent de vous. Nous devons intégrer les deux dimensions, celle de la séparation et celle qui abolit cette séparation. Pour retrouver l'unité, il faut d'abord accepter d'être séparé, seul, différent et unique. De la même manière, dans le christianisme, la créature est différente de Dieu mais elle a été créée à son image. Donc, nous retrouvons dans le christianisme autant que dans le zen le fait qu'au-delà de la séparation, il y a identité. Mais dans le zen, l'accent se porte plus sur l'identité, et dans le christianisme plus sur la séparation. Je pense néanmoins que les deux dimensions existent dans les deux cas. La voie du zen se réalise en allant au-delà de l'ego humain d'une manière abrupte et rapide, et le christianisme a mis l'accent sur le besoin de faire appel à l'Autre pour se sortir de cet état limité, sous la forme de la prière qui est une demande fondamentale, l'appel de la grâce. Pourtant dans le zen, nous ne pouvons pas non plus nous sauver seulement par nous-mêmes, et les prières au Bouddha existent également. Par exemple au moment de l'ordination il existe une prière de repentir, et dans les dix préceptes, le préliminaire est un précepte de foi : « Je m'en remets au Bouddha, au dharma et à la sangha », ce sont les trois trésors dont nous attendons le secours et l'aide. Donc il ne faut pas schématiser, les choses ne sont pas aussi simples.

Une dernière question relative à la science. Quel regard portez-vous sur les « progrès » scientifiques et techniques du monde moderne dont les préoccupations et les aspirations semblent très éloignés des sagesses anciennes.

Je pense que, fondamentalement, aucun des « progrès » qui ont été réalisés depuis deux mille ans n'ont en vérité constitué une réelle amélioration par rapport aux questions essentielles. Aucun n'a donné un semblant de réponse à la vocation de l'homme sur cette terre. Je pense que l'on n'est pas plus avancé aujourd'hui que cinq cents ans avant J.-C. Ce n'est pas parce que l'on a atteint une meilleure compréhension des mécanismes naturels et une capacité d'en maîtriser certains à notre profit que l'on a véritablement progressé dans l'état de conscience par rapport à soi-même, aux autres et au monde. A ce niveau, il n'y a aucun progrès ! Mais d'un autre côté, la science moderne va dans le sens de la vision bouddhique, d'un monde en perpétuelle transformation, sans commencement, ni fin.

Dans le bouddhisme, la vision d'un cycle cosmique avec naissance, expansion, contraction et disparition du monde, puis naissance d'un nouveau monde, a toujours existé. C'est une vision cosmique de l'interdépendance de tous les phénomènes, comme une structure mouvante dépendante de toute sorte de facteurs à l'image d'une construction qui ne serait pas l'ultime réalité. Cette vérité a été perçue depuis longtemps de manière intuitive par le Bouddha et par tous les grands maîtres zen grâce à un travail intérieur. Si cette vérité est découverte d'une manière extérieure, intellectuelle, comme c'est le cas pour les sciences modernes, il n'y a pas de véritable transformation possible, de progrès qui puisse en résulter pour l'homme, car cela reste objectif. La science par définition doit être objective, c'est-à-dire tournée vers l'objet. Ce qui manque, c'est le retour du regard vers l'intérieur, afin de s'apercevoir que ce qui existe au-dehors existe aussi au-dedans. Il s'agit de redécouvrir que ce qui est au-dedans comme ce qui est au-dehors est totalement révolutionnaire. La seule perception, par exemple, de l'interdépendance, de l'impermanence devrait changer toute notre position égoïste. Mais il n'y a pas de changement car nous comprenons tout par l'analyse des autres, du monde extérieur et non de nous-mêmes.

En même temps, l'homme semble prêt pour cette transformation et devrait être capable de découvrir en lui-même intuitivement et intimement, à travers l'expérience vécue, ce qu'il s'était contenté d'observer au-dehors. Là existe une grande chance pour que l'humanité fasse un pas décisif et la science pourra devenir une véritable source de sagesse. Pour cela, il faudrait que chacun apprenne à tourner son regard vers l'intérieur, comme nous le faisons en zazen, et que cette expérience oriente et dirige sa vie.

GLOSSAIRE

Les astérisques désignent les mots d'origine sanscrite.

Bardo : mot tibétain désignant la période intermédiaire de quarante-neuf jours séparant la mort de la renaissance.

****Bodhidharma :*** né à Ceylan au Vᵉ-VIᵉ siècle. Alla en Chine par la mer et arriva à Canton. Fondateur et premier patriarche du zen en Chine. Pendant neuf ans, il pratiqua zazen dans la montagne. Il transmit l'essence de son enseignement à Eka (Hui-k'o) qui devint son successeur.

****Bodhisattva :*** « être d'éveil ». Littéralement, le bodhisattva est celui qui deviendra un bouddha, mais le sens du terme s'est enrichi au cours de l'histoire du bouddhisme. La notion de bodhisattva ne prend cependant toute son importance que dans le bouddhisme Mahayana. Il devient alors l'être idéal par opposition à l'*arhat*, symbole de l'être libéré dans le bouddhisme Hinayana. Pour le Mahayana, l'arhat n'est qu'à un stade inférieur car il recherche l'éveil pour lui-même ; au contraire, le bodhisattva est celui qui ne fait pas de distinction entre soi-même et les autres. Ainsi, il refuse d'entrer dans le nirvana et, par la pratique de ses grandes vertus, aide tous les êtres sur le chemin de l'éveil. Il n'atteindra l'état parfait de bouddha qu'avec l'ensemble de toutes les existences.

Bonno : les illusions, les erreurs, les doutes. Ce qui dérange et fait souffrir, telles la convoitise, la colère et l'ignorance. Attachement à l'ego et à ses vues erronées.

****Bouddha :*** la racine sanscrite *boudh* signifie l'éveil et Bouddha signifie l'éveillé. Ce mot désigne le Bouddha historique, Shakyamuni, qui vécut il y a deux mille cinq cents ans, et aussi tous ceux qui ont atteint la plus haute vérité, la vraie liberté. Les maîtres peuvent être appelés bouddhas. Nous avons tous, au fond de nous, la nature de bouddha, l'essence originelle de la vie humaine.

****Dharma :*** selon la racine sanscrite, l'ensemble des processus qui régissent la vie cosmique, les lois de l'univers, découvertes ou à découvrir. Désigne aussi parfois tantôt l'enseignement du Bouddha, tantôt toutes les existences, ou bien toutes les vérités, la vérité cosmique.

Do : la voie, la plus haute vérité.

Dogen : 1200-1253. Maître zen, fondateur de l'école Soto au Japon. En 1223, il alla en Chine, où il pratiqua le zen avec Maître Nyojo dont il reçut la transmission. Il revint au Japon en 1227. En 1244, il fonda le temple d'Eihei-ji.

Dojo : lieu où l'on pratique la méditation zen.

Ego : le petit moi, possessif et limité, qu'il faut abandonner dans la mesure où il est fait d'illusions, alors que chacun tend à lui attribuer une réalité véritable.

Eka : 487-593. Le deuxième patriarche. En 520, il vint trouver Bodhidharma. L'histoire dit qu'il se coupa le bras gauche pour prouver sa sincérité.

Eko : dédicace d'une cérémonie.

Eno : 638-713. Le sixième patriarche. C'est lui qui a véritablement établi l'école zen en Chine. Il eut plus de quarante disciples, dont Nangaku et Seigen.

Fuse : le don sans but personnel, pas seulement matériel mais également spirituel.

Gassho : action de joindre les mains verticalement devant soi. Symbole de respect et de l'unité de l'esprit et de l'existence.

Godo : celui qui est responsable de l'enseignement dans un dojo.

Gyatei : au-delà. Mantra à la fin de l'Hannya Shingyo.

Hannya Shingyo : ou *Maka hannya haramita shingyo* (*Mahaprajna Paramita hridaya sutra* en sanscrit), c'est l'essence du *Sutra de la sagesse suprême*, l'essentiel d'un ensemble de sutras très développés que l'on trouve dans six cents livres, et le texte central du bouddhisme Mahayana. Il est chanté dans les dojos à l'issue du zazen.

Hara : ou *kikaï tanden*. Centre d'énergie situé à environ six centimètres sous le nombril. Le hara devient vigoureux par la pratique de zazen et la respiration juste. Quand il est activé, il permet d'obtenir une grande stabilité du corps et de l'esprit.

****Hinayana ou Theravada :*** cent ans après la mort du Bouddha, deux courants se formèrent : un courant conservateur, Hinayana (Petit Véhicule) et un courant novateur, Mahayana (Grand Véhicule).

Le Hinayana met l'accent sur l'éveil pour soi, à l'aide d'une discipline sévère. Le Mahayana met l'accent sur la sagesse et la compassion qui ne créent pas de séparation entre satori et illusion ou entre soi et les autres.

Hishiryo : penser sans penser. Penser au-delà de la pensée.

I shin den shin : « de mon âme à ton âme. » C'est être cœur à cœur au-delà des mots, au-delà de tout concept, en unité ici et maintenant.

Jiho sanshi : petit sutra chanté à la fin de la cérémonie.

Kanno doko : esprit d'éveil qui se développe par la relation de « mon âme à son âme » avec un représentant du représentant du Bouddha.

****Karma :*** les actions du corps, de la parole et de la conscience qui entraînent une rétribution en fonction de leur qualité. Cette rétribution peut intervenir dans cette vie ou dans une vie suivante.

Kensho : vision de l'essence du soi. Accession à l'état de bouddha. Découvrir sa vraie nature.

Kesa : symbole de la transmission de maître à disciple. L'habit du Bouddha, l'habit du moine. Le *rakusu* est le petit kesa, plus pratique pour la vie courante, les voyages, et transmis aussi aux bodhisattvas. A l'origine, fut créé par le Bouddha. Lorsqu'il décida de pratiquer la Voie, Bouddha se rendit au bord du Gange, où l'on brûlait les cadavres. Il prit des morceaux de linceul, les lava dans le fleuve, les teignit avec de la terre ocre (*kasaya* en sanscrit signifie : ocre) et les assembla. Plus tard, on se servit des feuilles des arbres et on mêla les couleurs de façon que les morceaux de chiffon inutilisés, une fois lavés et cousus ensemble, aient une couleur cassée, non vive. Le sens du kesa, dont les coutures dessinent des rizières, est que la matière la plus souillée peut devenir la plus belle, la plus sacrée. De même que l'être le plus perverti peut devenir le plus éveillé.

Ki : *qi* en chinois, « souffle », énergie. Selon la cosmologie chinoise, les souffles sont des matières-énergies contenues à l'état potentiel et indifférenciées dans la matrice originelle, le chaos primordial, *houen touen.* Sous l'action du principe du temps cyclique, cette matrice parvient à maturité et se déchire en libérant les souffles (énergies) qui s'échappent et se séparent : les plus légers montent et forment le Ciel ; les plus lourds descendent et forment la Terre. A partir de cette polarité (yin / yang), les souffles s'unissent et constituent une troisième modalité. La création s'accomplit par une suite de divisions toujours plus complexes.

Ki est donc le constituant de l'univers. Il exprime avant tout qu'il n'y a pas de séparation matière-esprit ou esprit-matière. L'univers est un amalgame de souffles plus ou moins subtils qui sont en perpétuels mouvements et transformations.

Ki désigne aussi le souffle vital qui entre dans le corps à la naissance et donne vie à l'être humain. Les pratiques psychophysiologiques taoïstes visent à préserver et à « nourrir » ce souffle vital. La notion de ki se retrouve dans certaines pratiques bouddhiques sino-japonaises et dans les arts martiaux japonais.

Kin hin : après zazen, marcher lentement selon la méthode transmise.

Kito : cérémonie destinée à aider quelqu'un en difficulté en lui dédiant les mérites du zazen.

Koan : originellement principe de gouvernement. Principe de vérité éternelle transmis par un maître. Actualisation de la vérité dans les phénomènes de la vie.

Kodo Sawaki : 1880-1965. Maître de Taisen Deshimaru, dont ce dernier a reçu la transmission de l'héritage spirituel.

Kolomo : robe noire du moine zen.

Kontin : état de torpeur, de somnolence.

Ku : vacuité, non-substance de tous les phénomènes, qui n'existent que par interdépendance.

Kusen : enseignement oral du maître pendant zazen.

Kyosaku : bâton du maître zen. Le coup de kyosaku, pendant zazen, a un effet à la fois tonifiant et calmant.

Mahayana : ou Grand Véchicule. Courant novateur du bouddhisme. Amour universel et activité pour le salut de l'humanité. La voie active. S'est répandu en Chine, au Tibet et au Japon.

**Mantra :* littéralement « instrument pour penser ». Parole sacrée, courte invocation dont le son véhicule une vertu spirituelle spécifique reliée généralement à une divinité donnée. La pratique des mantras se retrouve dans l'hindouisme et dans le bouddhisme comme d'ailleurs dans d'autres religions (sous d'autres noms). Normalement, le mantra n'a de valeur que s'il est donné par un gourou. L'essence des mantras est la syllabe sacrée OM.

Mondo : *mon,* questions ; *do,* réponses. Questions et réponses entre disciples et maître.

Mu : prononciation japonaise du caractère chinois signifiant la négation (en chinois *wou*). Le terme mu est souvent utilisé par les maîtres du zen, soit avec un autre mot — *mushotoku* (non-profit, non-obtention), *mukudoku* (non-mérite) —, soit seul, par exemple en réponse à la question d'un disciple lors d'un mondo. Mu n'est pas alors une simple négation dans la logique occidentale oui-non, mais désigne ce qui se situe au-delà de la négation et de l'affirmation. Ce n'est « absolument rien » de ce qui peut être perçu par la pensée intellectuelle, de ce qui peut être exprimé par le langage.

Mushotoku : sans but ni esprit de profit. Signifie qu'il n'y a rien à obtenir, aucun profit personnel dans la pratique religieuse. C'est l'essence de la pratique du zen.

Nirvana : extinction complète des phénomènes. Désigne parfois la mort. État de dissolution du moi individuel. Délivrance des cycles de renaissances. C'est l'état d'absence de naissance, de devenir, de changement et de disparition. Le non-né.

***Paramita :** traduit généralement par « perfection », paramita désigne les « vertus » dont la pratique constitue la voie bouddhique. Les paramita sont au nombre de six (bien qu'il y ait parfois des listes de dix). Ce sont : *fuse* (l'offrande), *kai* (l'observance des préceptes qui expriment la sérénité du corps et de l'esprit), *ninniku* (la patience), *shojin* (l'effort, la persévérance), *chie* (qui n'est pas une connaissance mais la sagesse qui surgit naturellement comme fruit de l'éveil).

Rinzai : dans le zen, il n'y a pas de sectes. Mais à partir de Hui-neng (Eno), cinq écoles se formèrent selon les lieux et les méthodes d'éducation. Toutes pratiquaient le zazen. Il reste les deux principales, le Rinzai et le Soto. Dans le Rinzai, on utilise plus formellement les koan, et le zazen, que l'on pratique face au centre du dojo, est devenu une méthode pour atteindre le satori.

Roshi : vieux maître (expression de respect).

**Samsara :* « le tourbillon incessant des naissances et des morts », que l'on traduit généralement par transmigration.

Samu : concentration sur le travail manuel avec le recueillement de l'esprit pendant les travaux les plus ordinaires. Travail effectué avec vigilance, comme service pour les autres.

Sangha : dans le bouddhisme, groupe du maître et des disciples.

Sanpai : trois prosternations, devant le Bouddha, le maître ou les autres pratiquants, front contre terre, les paumes des mains dirigées vers le ciel de chaque côté de la tête (symboliquement pour recevoir les pas du Bouddha).

Sanran : excitation, agitation mentale.

Satori : s'éveiller à la vérité cosmique, à notre véritable nature. Zazen lui-même est satori.

Sesshin : période d'entraînement intensif au zazen. Un à plusieurs jours de vie collective, de concentration et de silence dans le dojo. On fait six à sept heures de zazen par jour, entrecoupées de conférences, mondo, travail manuel, samu et repas.

Shakyamuni : le Bouddha historique.

Shiho : attestation de transmission et de succession remise par le maître au cours d'une cérémonie.

Shikantaza : « seulement s'asseoir », se concentrer sur la pratique de zazen.

Soto : dans l'école Soto, zazen est pratiqué sans but, sans objet et face au mur. Le maître ne donne pas systématiquement de koan, mais ses réponses aux questions des disciples, utilisant les éléments de la vie quotidienne, deviennent des koan.

****Sutra :*** dans le bouddhisme, désigne les textes censés contenir l'enseignement du Bouddha tel qu'il l'a lui-même expliqué à ses disciples.

Zafu : coussin dur rempli de kapok, sur lequel on s'assied pour la pratique de zazen ; le Bouddha se confectionna un coussin d'herbes sèches. Relever l'assise est nécessaire pour poser les genoux à terre et bien redresser la colonne vertébrale.

Zen : *tch'an* en chinois, *dhyana* en sanscrit. Vrai et profond silence, recueillement où s'abolissent toutes les distinctions ou séparations. Habituellement traduit par concentration, méditation sans objet. Retour à l'esprit originel et pur de l'être humain.

BIBLIOGRAPHIE

OUVRAGES DE MAÎTRE DESHIMARU

Aux éditions Albin Michel :

L'Autre Rive
Le Bol et le Bâton, 120 contes zen
Le Chant de l'immédiat satori
La pratique du Zen
Questions à un maître zen
Le Trésor du Zen
Zen et arts martiaux
Zen et self-control
Zen et vie quotidienne

A l'Association zen internationale / éditions Daruma :
17, rue Keller, 75011 Paris, tél. : 48 05 47 43

Vrai Zen
Intégrale de l'enseignement oral :
Eihei Koroku
Gakudoyojin-shu
Genjo Koan
Gyoji
Hannya Shingyo
Hokyo Zan Mai
Le Livre du Kesa
Shinjin Gakudo et *Shukke Kudoku*
Shin Jin Mei (2 vol.)
Le Zen de Dogen

Aux éditions du Rocher :

La Voix de la vallée
Le Rugissement du lion. Zen Rinzai et Soto Zen

AUTRES OUVRAGES

Aux éditions Albin Michel :

T. M. Hoover : *L'Expérience du Zen*
Pierre Crépon : *Les Fleurs du Bouddha, Anthologie du bouddhisme*
Zen : Pratique et enseignement, histoire et tradition, civilisation et perspective, Albin Michel et East-West Production
Evelyn de Smedt : *Zen et christianisme*
Jacques Brosse : *Satori*
Zen et Occident

Aux éditions du Seuil :

Dogen : *La Vision immédiate*
Les Entretiens de Houang-po
Shunryu Suzuki : *Esprit zen, esprit neuf*

A l'Association zen internationale / éditions Daruma :

Etienne Zeisler : *Le Chant de l'illumination silencieuse*

OUVRAGES DE BRUNO SOLT

La Vacance ; entretiens avec Gérard Blitz, éd. Dervy, 1990
Les Maîtres spirituels et mystiques contemporains, éd. Retz, 1992

TABLE

« *Spiritualités vivantes* »
Collection fondée par Jean Herbert
au format de poche

1. *La Bhagavad-Gitâ*, de Shrî AUROBINDO.
2. *Le Guide du Yoga*, de Shrî AUROBINDO.
3. *Les Yogas pratiques (Karma, Bhakti, Râja)*, de Swâmi VIVEKÂNANDA.
4. *La Pratique de la méditation*, de Swâmi SIVANANDA SARASVATI.
5. *Lettres à l'Ashram*, de GANDHI.
6. *Sâdhanâ*, de Rabindranâth TAGORE.
7. *Trois Upanishads (Ishâ, Kena, Mundaka)*, de Shrî AUROBINDO.
8. *Spiritualité hindoue*, de Jean HERBERT.
9. *Essais sur le Bouddhisme Zen*, première série, de Daisetz Teitaro SUZUKI.
10. — *Id.*, deuxième série.
11. — *Id.*, troisième série.
12. *Jñana-Yoga*, de Swâmi VIVEKÂNANDA.
13. *L'Enseignement de Râmakrishna*, paroles groupées et annotées par Jean HERBERT.
14. *La Vie divine*, tome I, de Shrî AUROBINDO.
15. — *Id.*, tome II.
16. — *Id.*, tome III.
17. — *Id.*, tome IV.
18. *Carnet de pèlerinage*, de Swâmi RAMDAS.
19. *La Sagesse des Prophètes*, de Muhyi-d-dîn IBN 'ARABÎ.
20. *Le Chemin des Nuages blancs*, d'ANAGARIKA GOVINDA.
21. *Les Fondements de la mystique tibétaine*, d'ANAGARIKA GOVINDA.
22. *De la Grèce à l'Inde*, de Shrî AUROBINDO.
23. *La Mythologie hindoue, son message*, de Jean HERBERT.
24. *L'Enseignement de Mâ Ananda Moyî*, traduit par Josette HERBERT.
25. *La Pratique du Zen*, de Taisen DESHIMARU.
26. *Bardo-Thödol. Le Livre tibétain des morts*, présenté par Lama ANAGARIKA GOVINDA.
27. *Macumba. Forces noires du Brésil*, de Serge BRAMLY.
28. *Carlos Castaneda. Ombres et lumières*, présenté par Daniel C. NOËL.
29. *Ashrams. Grands Maîtres de l'Inde*, d'Arnaud DESJARDINS.
30. *L'Aube du Tantra*, de Chogyam TRUNGPA et H. V. GUENTHER.
31. *Yi King*, adapté par Sam REIFLER.
32. *La Voie de la perfection, L'enseignement du maître persan Nur 'Ali Elâhi*, de BAHRÂM ELÂHI.
33. *Le Fou divin. Yogi tantrique tibétain du XVIe siècle*, de Drukpa KUNLEY.
34. *Santana, l'enseignement de Maître Goenka en Inde*, de Dominique GODRÈCHE.
35. *Dialogues avec Lanza del Vasto*, par René DOUMERC.
36. *Techniques de méditation et pratiques d'éveil*, de Marc de SMEDT.
37. *Le Livre des secrets*, de BHAGWAN SHREE RAJNEESH.
38. *Zen et arts martiaux*, de Taisen DESHIMARU.

39. *Traité des Cinq Roues (Gorin-no-Sho)*, de Miyamato MUSASHI.
40. *La Vie dans la vie. Pratique de la philosophie du sâmkhya d'après l'enseignement de Shrî Anirvân*, de Lizelle REYMOND.
41. *Satori. Dix ans d'expérience avec un Maître Zen*, de Jacques BROSSE.
42. *Discours et sermons*, de HOUEÏ-NÊNG, traduit par Lucien HOULNÉ.
43. *Tao Te King*, de LAO TSEU.
44. *Questions à un Maître Zen*, de Taisen DESHIMARU.
45. *Les Contes des arts martiaux*, recueillis par Pascal FAULIOT et présentés par Michel RANDOM.
46. *Essais sur les mystiques orientales*, de Daniel ODIER et Marc de SMEDT.
47. *Zen et vie quotidienne*, de Taisen DESHIMARU.
48. *Le Désert intérieur*, de Marie-Madeleine DAVY.
49. *La Sagesse de l'éveil*, textes présentés par Marc de SMEDT.
50. *L'Esprit guide, entretiens avec Karlfried Dürckheim*, par Frantz WOERLY.
51. *Les Appeleurs d'âmes. L'Univers chamanique des Indiens des Andes*, de Sabine HARGOUS.
52. *Le Chemin de la Lumière, la Voie de Nur Ali Elâhi*, par BAHRÂM ELÂHI.
53. *L'Art de la réalisation*, de CHANDRA SWAMI.
54. *Le Trésor du Zen*, de Maître DOGEN, traduit et commenté par Taisen DESHIMARU.
55. *Aphorismes*, de TCHOUANG TSEU, présentés par Marc de SMEDT.
56. *L'Esprit caché de la liberté*, de Tarthang TULKU.
57. *Métanoïa. Phénomènes physiques du mysticisme*, d'Aimé MICHEL.
58. *L'Enseignement de Ramana Maharshi*, traduit par A. DUPUIS, A. PERRELI et J. HERBERT.
59. *Le Bol et le Bâton*, cent vingt contes Zen racontés par Maître Taisen DESHIMARU.
60. *Traité de l'amour*, d'Ibn 'ARABÎ, introduction, traduction de l'arabe et notes de Maurice GLOTON.
61. *L'Évangile de Thomas*, traduit et commenté par Jean-Yves LELOUP.
62. *L'Enseignement du Dalaï-Lama*, de Tenzin GYATSO, traduit par G. TULKU, G. DREYFUS et A. ANSERMET.
63. *La Montagne vide, anthologie de la poésie chinoise*, traduction de Patrick CARRÉ et Zéno BIANU.
64. *Mystères de la sagesse immobile*, de Maître TAKUAN, traduction et présentation de Maryse et Masumi SHIBATA.
65. *La Sagesse du désert, aphorismes des Pères du désert*, de Thomas MERTON, traduction de Marie TADIÉ.
66. *La Pratique du yoga intégral*, de Shrî AUROBINDO, textes groupés, traduits et préfacés par Jean HERBERT.
67. *L'Autre Rive*, textes fondamentaux du Zen commentés par Maître Taisen DESHIMARU. Présentation par Evelyn de SMEDT.
68. *Méditation et santé selon les traditions et médecines chinoises*, de Gérard EDDE.
69. *Métaphysique et psychologie*, de Shrî AUROBINDO.
70. *Le Mesnevi. 150 contes soufis*, de DJĀLAL AL-DĪN RŪMĪ.

71. *Initiation et sagesse des contes de fées*, de Dennis BOYES.
72. *Initiation aux Livres des Morts égyptiens*, de Fernand SCHWARZ.
73. *Ivre de Tao. Li Po, voyageur, poète et philosophe, en Chine, au VIIIe siècle*, textes réunis et présentés par Daniel GIRAUD.
74. *Futuwah, traité de chevalerie soufie*, traduit et introduit par Faouzi SKALI.
75. *Qui suis-je ? La quête sacrée*, par Jean KLEIN.
76. *L'Évangile de Jean*, traduit et commenté par Jean-Yves LELOUP.
77. *Les Secrets du Soi*, suivi par *Les Mystères du Non-Moi*, de Mohammad IQBAL.
78. *L'Arbre de Vie. Introduction à la Cabale*, de Z'ev Ben Shimon HALEVI.
79. *Le Livre des œuvres divines (Visions)*, de Hildegarde de BINGEN, présenté et traduit par Bernard GORCEIX.
80. *Instructions fondamentales. Introduction au bouddhisme Vajrayana*, de Kalou RINPOTCHE.
81. *Le Prophète*, de Khalil GIBRAN.
82. *La Paix monastique*, de Thomas MERTON.
83. *Le Fou et le Créateur*, de Daniel PONS.
84. *Zen et christianisme*, d'Evelyn de SMEDT.
85. *Le Livre divin*, de Fariddudine ATTAR.
86. *Le Sable et l'écume*, de Khalil GIBRAN.
87. *Écrits sur l'hésychasme*, de Jean-Yves LELOUP.
88. *Les Fleurs de Bouddha, anthologie du bouddhisme*, de Pierre CRÉPON.
89. *Yoga-Sutras*, de PATANJALI, traduction du sanscrit et commentaires de Françoise MAZET.
90. *Nuages fous*, d'IKKYÛ, traduit du japonais et commenté par Maryse et Masumi SHIBATA.
91. *Écrits*, du père Henri LE SAUX, choisis et présentés par Marie-Madeleine DAVY.
92. *Le Jardin de roses*, de SAADI.
93. *Trois Messagers pour un seul Dieu*, de Roger ARNALDEZ.
94. *Paroles du Mont Athos*, de Jean-Yves LELOUP.
95. *A Bible ouverte*, t. I, de Josy EISENBERG et Armand ABECASSIS.
96. *Popol Vuh. Le Livre des Indiens Mayas Quichés*, traduit de l'espagnol par Valérie FAURIE.
97. *L'Œil du prophète*, de Khalil GIBRAN.
98. *Chercheur de vérité*, d'Idries SHAH, traduit par Jean NÉAUMET et préfacé par Doris LESSING.
99. *Le Chant de l'immédiat Satori*, de Yoka DAISHI, traduit et commenté par Taïsen DESHIMARU.
100. *Le Yoga de l'Amour*, de Jean HERBERT.
101. *Et Dieu créa Ève, A Bible ouverte*, t. II, de Josy EISENBERG et Armand ABECASSIS.
102. *Les Collations de Jean Cassien ou l'unité des sources*, textes choisis et présentés par Jean-Yves LELOUP.
103. *Praxis et Gnosis, textes d'Évagre le Pontique*, choisis et présentés par Jean-Yves LELOUP.

104. *Le Centre de l'Être*, de K. G. DÜRCKHEIM, propos recueillis par J. CASTERMANE.
105. *Tsimtsoum, introduction à la méditation hébraïque*, de Marc-Alain OUAKNIN.
106. *La Voie Soufie*, de Faouzi SKALI.
107. *Moi, le gardien de mon frère ? A Bible ouverte*, t. III, de Josy EISENBERG et Armand ABECASSIS.
108. *Sermons sur le Zen, Réflexions sur la Terre Pure*, traduits et présentés par Maryse et Masumi SHIBATA.
109. *Dhammapada, les Dits du Bouddha*, traduits du pali.
110. *L'Anneau de la Voie*, de Taisen DESHIMARU, textes rassemblés par E. de SMEDT et D. DUSSAUSSOY.
111. *Rubâi'yât*, de Djalâl-od-Dîn RÛMÎ, traduit et présenté par E. de VITRAY-MEYEROVITCH et D. MORTAZAVI.
112. *Vie de Moïse, de Grégoire de Nysse, ou l'être de désir*, traduit par J. DANIELOU et présenté par J.-Y. LELOUP.
113. *Homélies de Jean Chrysostome sur l'incompréhensibilité de Dieu*, traduit par R. FLACELIÈRE et présenté par J.-Y. LELOUP.
114. *Le Dharma et la vie*, de Lama Denis TEUNDROUP.
115. *La Méditation créatrice et la conscience multidimensionnelle*, par Lama ANAGARIKA GOVINDA, traduit par Jean HERBERT.
116. *Le Puits d'eaux vives, Entretiens sur les Cinq Rouleaux de la Bible*, de Claude VIGÉE et Victor MALKA.
117. *Œuvres*, de saint FRANÇOIS D'ASSISE, traduit et présenté par A. MASSERON.
118. *La Méditation bouddhique*, de Jean-Pierre SCHNETZLER.
119. *Zen et samouraï*, de SUZUKI SHÔSAN, traduit et présenté par Maryse et Masumi SHIBATA.
120. *Le Taoïsme vivant*, de J. BLOFELD, traduit par Jean HERBERT.
121. *Commentaire sur le Mystère de la Fleur d'or*, de C. G. JUNG.
122. *Prière de Jésus, prière du cœur*, d'Alphonse et Rachel GOETMANN.
123. *Moine zen en Occident*, de Roland RECH.

*La composition de cet ouvrage
a été réalisée par l'Imprimerie* BUSSIÈRE,
*l'impression et le brochage ont été effectués
sur presse* CAMERON *dans les ateliers de la S.E.P.C.,
à Saint-Amand-Montrond (Cher),
pour le compte des Éditions Albin Michel.*

*Achevé d'imprimer en avril 1994.
N° d'édition : 13665. N° d'impression : 686-891.
Dépôt légal : avril 1994.*